ROMANCE ESPÍRITA

EL PASADO DE DOLORES

Miriam Valle Campos

Traducción al Español:
J.Thomas Saldias, MSc.
Trujillo, Perú, Octubre, 2023

Título Original en Portugués:
"O passado de Dolores"
© Miriam Valle Campos, 2007

Traducido al Español de la 1ra Edición Portuguesa

World Spiritist Institute
Houston, Texas, USA
E–mail: contact@worldspiritistinstitute.org

De la Médium

Miriam Valle Campos, casada, tres hijos, nacida en Piracicaba, de familia espírita, graduada en Enfermería por la UFSC.

Asistente de la União Espírita de Piracicaba desde hace más de una década, participa de su Departamento de Evangelización.

Participó del Grupo de Teatro de esta institución del 2000 al 2005, donde, con la ayuda de la espiritualidad, tuvo la oportunidad de escribir los sketches y obras presentadas.

Por intuición o en estados de emancipación del espíritu durante el sueño, recibía ideas, desarrollándolas y transformándolas en tramas adecuadas para el grupo, el escenario y las ocasiones conmemorativas.

Promueve la realización de diversos Talleres de Pintura.

Estudia y promueve la modernización de las clases de Evangelización en el Centro União, dentro de las bases inviolables de la Doctrina Espírita; es decir, a través de propuestas de enseñanza-aprendizaje donde niños y/o jóvenes participen de ese proceso de manera activa y placentera.

Del Traductor

Jesús Thomas Saldias, MSc, nació en Trujillo, Perú.

Desde los años 80s conoció la doctrina espírita gracias a su estadía en Brasil donde tuvo oportunidad de interactuar a través de médiums con el Dr. Napoleón Rodriguez Laureano, quien se convirtió en su mentor y guía espiritual.

Posteriormente se mudó al Estado de Texas, en los Estados Unidos y se graduó en la carrera de Zootecnia en la Universidad de Texas A&M. Obtuvo también su Maestría en Ciencias de Fauna Silvestre siguiendo sus estudios de Doctorado en la misma universidad.

Terminada su carrera académica, estableció la empresa *Global Specialized Consultants LLC* a través de la cual promovió el Uso Sostenible de Recursos Naturales a través de Latino América y luego fue partícipe de la formación del **World Spiritist Institute**, registrado en el Estado de Texas como una ONG sin fines de lucro con la finalidad de promover la divulgación de la doctrina espírita.

Actualmente se encuentra trabajando desde Perú en la traducción de libros de varios médiums y espíritus del portugués al español, habiendo traducido más de 250 títulos, así como conduciendo el programa "La Hora de los Espíritus."

Índice

Prefacio 8

Presentación 12

1 Todavía Lola Gomes 14

2 Los recuerdos de Cristine 16

3 Retrocediendo en el tiempo Siglo XV, Inglaterra. 20

4 Con el paso del tiempo 29

5 El triste resultado 41

6 Ayuda tardía 51

7 El suicidio 55

8 La remisión 67

9 El reinicio 76

Los Hechos En El Tiempo 83

Mensajes sobre el suicidio 84

Sinopsis

Son muchos los contratiempos que atravesamos en nuestro camino hacia el Padre, cuanto más nos desviamos del camino del Bien, más complicados serán los caminos que tendremos que tomar para volver al camino correcto.

Aunque parezca sencillo, aprender esa lección requiere perseverancia y fe. Y mientras estos atributos no se logran, son innumerables las veces que salimos y volvemos al camino correcto, corrigiendo algunos errores y cometiendo otros.

En *El Pasado de Dolores*, un libro que nos trae las encarnaciones anteriores del personaje principal de *La Historia de Lola Gomes*, levantamos el velo sobre el pasado de Lola y descubrimos qué actitudes tomadas por ella y los demás personajes llevaron su vida en esas direcciones.

Sin embargo, más importante que seguir el camino de Lola es aprender de ella, para que podamos recorrer el camino que nos lleve a Dios de la manera menos dolorosa posible.

El pasado de Dolores narra la vida de Cristine, la encarnación anterior de Lola Gomes. Cristine es una joven inglesa rica y noble que ve cómo su vida da giros inesperados tras su matrimonio con el misterioso Julian.

Víctima de la obsesión, la joven cede a las debilidades de su alma y se desvía del camino del bien, atrayendo para sí grandes disgustos.

Para quienes han seguido de cerca *La historia de Lola Gomes*, esta obra trae el comienzo de la historia, mostrando por qué sucedieron ciertos hechos en la vida de Lola. Más que eso, este libro ilustra claramente lo que puede suceder cuando nos dejamos perder por los caminos del mundo en busca de ilusiones.

Si somos capaces de aprender de Cristine, sin duda nos salvaremos de grandes sufrimientos en el futuro.

"Ella iba con el buhonero de ciudad en ciudad, ayudándolo con la mercancía o en cualquier otra tarea que le solicitara. El hombre se acostumbró a su presencia y se encariñó con ella. Dolores lo acompañó amable y servicial, mientras caminaban por pequeñas y lugares insignificantes, como aquel en el que él nació, pero en cuanto llegaron a Madrid en busca de nuevos bienes, la niña desapareció, dejando desconcertado al infortunado.

Ya no vería al hombre ni lo oiría llamarla por su nombre. Dolores Fernández estaba muerta. Apareció Lola Gomes, sirviendo mesas en tabernas, complaciendo a sus clientes y jefes, aprendiendo a bailar y conociendo las letras, llegando un día a París, al Cabaret de Madame Rose Vernhez, para ser la estrella de la noche parisina.

Extracto del libro *"La historia de Lola Gomes"*

Prefacio

Los libros espíritas están difundidos en los quioscos y librerías, espíritas o no, llevando el mensaje de renovación y esperanza a tantas almas. Libros de codificación, doctrinarios, científicos, filosóficos, de autoayuda, de mensajes, juveniles, infantiles, de poesía y de novela. Cumplen su objetivo, llevando información sobre el Consolador prometido por Jesús, como el viento que barre la faz de la Tierra.

El proceso de darle vida a un libro es, en ocasiones, bastante doloroso, incluso comparándolo con el parto. Así, es un momento que pone fin a todo ese tiempo de preparación y espera. Y al igual que los embarazos y los partos, cada uno es único y especial a su manera.

La Historia de Lola Gomes pasó casi diez años pensada y madurada antes de escribirse. Cuando finalmente decidió plasmarla en papel, Miriam ya estaba acostumbrada a sus personajes y a su trama. Todo fluyó con naturalidad, sin sorpresas.

Con *El Pasado de Dolores* no fue así. Si bien narra dos encarnaciones del Espíritu que todos conocemos como Lola Gomes, este libro fue muy diferente al anterior para su autora. Se podría decir que el parto fue un poco más doloroso.

Al igual que el primero, era presentado desde el plano espiritual como imágenes mentales que la autora veía al despertar o incluso durante el día. Para comprender mejor, podemos comparar esas imágenes con los recuerdos que tenemos de eventos de nuestro pasado o películas notables que vimos. Sin embargo, Miriam estaba muy acostumbrada a Lola después de tantos años de convivencia. La nueva heroína entró en su mente sin ser invitada - por así decirlo, ya que sabemos que este tipo de situaciones están programadas incluso antes que encarnemos - y pronto ocupó todos sus pensamientos.

Los ocupó con tal fuerza y deseo que Miriam se vio incapaz de continuar con una de las actividades que más le gustaba y a la que se dedicaba desde el año 2000: escribir obras de teatro para el grupo de teatro infantil de la Unión Espírita de Piracicaba, donde también imparte clases, charlas y clases sobre evangelización infantil. Fue su experiencia como dramaturga la que la animó a escribir finalmente *La Historia de Lola Gomes*, pero ahora necesitaba tiempo para dedicarse a la nueva tarea que la espiritualidad le había encomendado y se sentía incapaz, mientras tanto, de dedicarse a cualquier otra historia que la que estaba empezando a plasmar en papel.

Para sacar a la luz su historia, fue necesario vivir todo lo que pasaron Cristine y los demás personajes. Eran tiempos complicados, cuando las partes de la narración aparecían en su mente y, como un rompecabezas, se unían dando a la autora una sensación de conjunto. Trabajando en equipo con amigos desencarnados, vio lugares, personas y acciones, describiéndolas de tal manera que quien leyera el libro también pudiera ver todo lo que se le metía en el pensamiento.

Escribir un libro de forma intuitiva significa vivir la historia que escribes. Es como ver una película sintiendo todo lo que sienten sus personajes, pero sin poder apagar la televisión, mirar hacia un lado o siquiera pensar en nada más. Hasta que aprende a afrontar tal situación, el autor se ve dominado por las sensaciones narradas en la historia.

Como también formo parte del equipo de teatro de Unión y asisto al mismo Curso de Orientación y Estudios Mediúmnicos (COEM), puedo decir que fui testigo de cerca de muchas de las experiencias vividas por la autora durante el período de concepción y escritura de este libro.

Miriam me confesó tiempo después, cuando el libro estuvo listo, que intentó terminarlo rápido, ya que los sentimientos de su protagonista eran bastante difíciles para ella. Una de las escenas fue particularmente dolorosa: la descripción de un suicidio. Sin embargo, en una de las clases del COEM, la espiritualidad acudió en su ayuda y la puso en contacto con un espíritu que desencarnaba en las mismas condiciones que el personaje de su historia. De esta manera, además de la necesaria ayuda brindada por el grupo al suicida, la autora, experimentando su angustia y dolor, pudo finalmente describir la escena tal como la captó.

A pesar de todo, como ya hemos dicho, un libro es como un nacimiento, y éste, por difícil que sea, siempre merece la pena. Donar a los designios del plano espiritual siempre nos trae un gran bien, ya que nos permite ayudar a los demás, y este es el mayor propósito de todo libro espírita. La vida es un eterno aprendizaje y la literatura espírita nos enseña a afrontar los problemas inherentes a la vida y a la condición humana, ya sean de este plano o del otro.

Una grata sorpresa revelada en este segundo libro es la identidad del autor espiritual, quien trajo estas dos obras a Miriam. Aunque todavía no se ha presentado formalmente, la autora revela que, en el fondo de su corazón, ya sabe quién es. Personaje de ambas novelas - antes Rafael, ahora Irving, nombres ficticios -, el narrador de las aventuras y desventuras de Lola aporta a su colaboradora escritora una maravillosa ola de paz cuando se acerca a ella, como una brisa fresca. ¿Y qué mayor recompensa puede haber para un trabajador en el campo divino que recibir la visita de un espíritu tan iluminado? A Irving - o Rafael, o como prefieras que te llamen -, por la mano amiga que extiendes a todos aquellos que se benefician de las enseñanzas contenidas en estos libros, mi más sincero agradecimiento. Que Jesús te bendiga en su gloria, hoy, mañana y siempre.

¡Buena lectura!

Mariana Messias dos Santos

Presentación

En nuestra trayectoria como espíritus inmortales, llevamos con nosotros todas nuestras experiencias vividas. El bendito olvido, que precede a cada nueva existencia, deja latentes los momentos pasados y siempre volvemos a empezar, con la gracia de Dios, recibiendo la oportunidad merecida para cada uno de nosotros.

Esta historia nos muestra qué llevó a Lola Gomes a querer vengarse de Denizard y Jaqueline, y que el pasado, a pesar de estar latente, puede guiarnos a través de sentimientos y deseos. Para romper el "ciclo del desajuste", es necesario mantener nuestros pensamientos y corazones enfocados en el Padre, nuestro norte, nuestra luz, nuestra salvación.

Almas que migran en innumerables existencias, recibiendo la gracia de Dios, cargamos logros y vicios.

"Cuando el espíritu sale de la Tierra, lleva consigo las pasiones o virtudes inherentes a su naturaleza, y se va al espacio para perfeccionarse o estacionarse, hasta que desea esclarecerse. Algunos, por tanto, llevan consigo odios y deseos violentos. Algunos de ellos; sin embargo, más avanzados, pueden vislumbrar algo de la verdad: reconocen los efectos desastrosos de sus pasiones, y luego toman buenas resoluciones; entienden que, para dirigirse a Dios, solo hay una contraseña: caridad. Pero no hay caridad sin olvido de las ofensas y de los insultos; no hay caridad con odio en el corazón y sin perdón" - *El Evangelio según el Espiritismo* - Capítulo XIV - 9.

A pesar del olvido, llevamos en el corazón los deseos más secretos, las alegrías más puras, los peores sufrimientos, los caprichos más sórdidos que no pudimos remediar, las venganzas que no pudimos ejecutar.

Cuando nos encontremos nuevamente en el escenario de las luchas terrenas, actuaremos de tal o cual manera, "según la menor o mayor perseverancia en nuestros buenos propósitos." - *El Evangelio según el Espiritismo* - Capítulo XIV - 9.

Habiendo cambiado la ropa física y el escenario de la etapa de la vida, los mismos deseos permanecen en el pecho... hasta que finalmente el espíritu despierta a algo mucho más grande, algo verdaderamente grande: el Padre esperándonos con los brazos abiertos, ofreciéndonos la verdadera felicidad.

A partir de entonces, las luces del Señor del Universo comienzan a iluminar nuestro camino y guiar nuestros pasos por el camino bendito de la redención, y encontramos la fuerza para luchar verdaderamente contra nuestras propias debilidades y lograr que, finalmente, nuestra luz pueda brillar..

"Así brille vuestra luz delante de los hombres, para que vean vuestras buenas obras y glorifiquen a vuestro Padre que está en los cielos." - Mateo, 5:16.

1 Todavía Lola Gomes

Un extraño dolor se apoderó de su corazón, oprimido por la angustia que la invadía, sin necesidad siquiera de escuchar el adiós de labios de su amado. La avalancha de emociones que lo envolvió fue abrumadora. Destruyó sus defensas y sus miedos surgieron como espesas sombras. No pudo aceptar la separación. Se sintió atrapada por la sonrisa de Denizard, su mirada, su cuerpo y alma, el latido de su corazón. Todo su ser latía con la misma intensidad que esas emociones. Era suyo. Se sentía poseída y quería poseer mediante un amor egoísta, sin límites, en una pasión desenfrenada y loca.

Aun incapaz de comprender la magnitud de la tragedia que destruyó su felicidad, lloró. Abundantes lágrimas brotaron de sus ojos, bañando sus pálidas mejillas. Bebió el vino con avidez en un intento de adormecer el dolor. Escuchó palabras educadas y cuidadosas de labios de su amado, pero solo significaban adiós.

Se desesperó. Pidió, suplicó, se humilló. No sirvió de nada: realmente era el final. Nunca volvería a ser lo mismo a partir de entonces.

¿Cuánto tiempo tardaría en seguir sintiendo ese dolor que le parecía insoportable y al mismo tiempo tan familiar? No, esta vez sería diferente...

Y por mucho que Lola Gomes lo amara, haría algo para poner fin de una vez por todas a la tortura que la carcomía, exactamente como antes[1]. Incluso sin tener un recuerdo vívido, intentó actuar como si estuviera en el pasado. Esta vez no iba a morir.

Pero no se dio cuenta que el dolor y el anhelo serían sus compañeros de ahora en adelante. Todo esto solo terminaría cuando él pudiera renunciar y perdonar.

---

[1] "La carga parece más ligera cuando miramos hacia arriba, que cuando inclinamos la frente a la tierra" - *El Evangelio según el Espiritismo* - Cap. IX - 7.

2 Los recuerdos de Cristine.

Eran los mismos ojos infinitamente expresivos mirándola antes de irse, cerrando la puerta detrás de ella. ¡Cómo lo amaba! No podía entender tanto cariño. Haría cualquier cosa por él, daría su vida si fuera necesario por su amor. Perdida en las aflicciones, se dejó envolver por vibraciones atormentadoras. Su pecho se sentía oprimido por la aproximación del espíritu cuyas oscuras emanaciones determinaban sus perturbadoras intenciones. Cristine agradeció la interferencia en sus pensamientos sin ninguna resistencia. Inmediatamente empezó a recordar. Los recuerdos comenzaron a inundar su memoria. El día que conoció a Julian, tan amable y educado, galante y halagador, despertó su amor ciego y desenfrenado.[2] Después de la muerte de sus padres, todo quedó tan claro... Atónita, Cristine se dio cuenta de las verdaderas intenciones de su marido detrás de sus caricias y besos. Fue testigo del declive moral y económico de su matrimonio bajo mil pretextos absurdos por parte de quien, a pesar de todo, amaba tanto. Consumió sus bienes poco a poco.

Julian se involucró cada vez más en salidas nocturnas, juegos, fiestas y mujeres. Las situaciones sórdidas en las que participó muchas veces lo ponían en peligro inminente, y no era raro que abandonara la ciudad, huyendo en medio de la noche,

---

[2] "(...) cuántos hay que creen amar con locura, porque juzgan solo por las apariencias, y cuando se ven obligados a convivir con personas, rápidamente reconocen que eso no es más que una admiración material." *El Libro de los Espíritus* - 939.

llevando a su asustada esposa a lugares lejanos y pasando tiempo con extraños, o bien dejándose temer represalias como resultado del engaño de su frívolo marido. Las propiedades se fueron perdiendo, una a una, en las mesas de juego. Se mudaron varias veces, ya no viviendo en la misma ciudad donde Cristine nació y creció rodeada de todo el consuelo y cariño que sus padres siempre le brindaron.

Al pensar en todo lo que le había sucedido, se estremeció al darse cuenta de la delicada situación en la que se encontraba. Habían llegado allí recientemente. Era una ciudad grande, ocupada y próspera. No conocía a nadie y no tendría a nadie a quien recurrir si lo necesitara. Angustiada, notó la despensa vacía y la falta total de recursos, como si presintiera lo peor.[3]

La siniestra entidad pareció disfrutar de la desesperación que causaba en su víctima, y cobró nuevo coraje para seguir guiando sus pensamientos.

Cristine miró a su alrededor y sintió despertar los recuerdos más lejanos: la hermosa casa donde nació, la gran sala, la chimenea, los sirvientes elegantemente vestidos y el anhelo oprimió su pecho. Recordó la enorme escalera y las amplias habitaciones, amuebladas con esmero. Le pareció ver a su madre sonriéndole, entrando a su habitación siendo una niña y besándola por la mañana. Recordó que su padre le contaba historias de reyes y reinas, palacios y hadas, llamándola "princesa."

Toda la felicidad del pasado había desaparecido por completo y en su lugar, una amarga decepción. Difícilmente podía creer, mirando a su alrededor, que había dejado atrás tanta comodidad y cariño para estar ahora allí, viviendo en esa habitación estrecha, casi un sótano, en una calle suburbana, en una ciudad extraña, rodeada de extraños. Julian estuvo ausente la

---

[3] "El hombre solo tiene como propio lo que puede tomar de este mundo." - *El Evangelio según el Espiritismo* - Capítulo XVI - 9.

mayor parte del tiempo, dejándola rodeada de recuerdos y decepciones, incertidumbres y miedos.

Se perdieron todas las posesiones y las joyas se fueron una por una. Joyas de la familia, traídas por su padre al casarse con Evelyn, su dulce y delicada madre, quien a pesar de no tener la misma ascendencia noble, supo hacer justicia a la posición asumida a raíz del matrimonio.

Había mucha discreción en torno al asunto, como si estuviera prohibido mencionar el origen humilde de Evelyn y la inherente desaprobación a tal unión por parte de su noble familia paterna. Cristine nunca había sabido de la existencia de sus familiares.

Su padre era mucho mayor que su madre. Se había unido a ella por amor, tras una larga viudez fruto de su primer matrimonio con una joven de la misma familia. No tuvieron hijos. La primera esposa de su padre enfermó gravemente y murió pocos años después de la boda. Eran tiempos difíciles, donde el noble y gentil Warren T. apenas podía soportar el triste destino de su joven esposa. Desilusionado, tras su muerte estuvo muchos años alejado de la vida social, en una propiedad familiar, cerca de la montaña. Entregado a cismas y pensamientos oscuros, no notó que su juventud se alejaba, y cuando ya no esperaba cosechar más alegrías de la vida, conoció a Evelyn, una chica sencilla que supo cautivar su corazón.

A pesar de la diferencia de edad, surgió entre ellos un sentimiento dulce y respetuoso y de esta serena unión nació Cristine.

Conmovida por todos los recuerdos, dejó que abundantes lágrimas bañaran su rostro preocupado, mientras la nostalgia del pasado se mezclaba con las decepciones del presente y las incertidumbres del futuro. ¿Qué sería de ella? Recientemente, notó que su marido se volvía cada vez más distante. Sus ojos eran los mismos, pero la mirada se había vuelto reticente...

Cristine le había regalado todas sus joyas, hasta el último anillo. Ahora bien, la despensa vacía, la falta total de recursos y el frío del exterior que se colaba por las rendijas no auguraban nada bueno.[4]

Satisfecho, el espectro se alejó con una sonrisa irónica ante las lágrimas de angustia de la pobre mujer. Él la miró durante mucho tiempo, mientras pensaba en cuánto aun la haría sufrir. Quería que Cristine pagara caro todo lo que le había hecho en el pasado, cuando ella era la causa de su desgracia.

---

[4] "¿Cuál de las dos pruebas es más terrible para el hombre, la de la miseria o la de la riqueza? Ambas lo son. La miseria provoca murmullos contra la Providencia, y la riqueza conduce a todos los excesos." - *El Libro de los Espíritus* - 815 "(...) Dios prueba a los pobres con la resignación, y a los ricos con el uso que hacen de sus bienes y de su poder." - *El Libro de los Espíritus* - 816 - comentarios de Kardec.

3 Retrocediendo en el tiempo
Siglo XV, Inglaterra.

El conde Wallace T. era el último descendiente de una familia noble que había sobrevivido a los incautos reveses del destino. Había conservado gran parte de su herencia y poder, imponiendo la debida sumisión y respeto.

En el año 1439 se casó con la joven Gleyd H. Pronto llegaron sus hijos, que continuarían el nombre, nobleza y tradición de T., Warren y Dalton.

Los dos niños crecieron entre los placeres de su madre y la austeridad de su padre. Recibieron una educación propia de los nobles de la época, donde se respiraba arrogancia y altivez, producto de la posición imponente que ocupaban ante los sirvientes sumisos y la sociedad en general.

Warren, apenas dos años mayor, introspectivo, soñador y romántico, era muy diferente de Dalton quien, expansivo y autoritario, no se dejaba impresionar por nada. A pesar de ello, los dos hermanos crecieron en perfecta armonía, respetándose y cultivando, cada uno a su manera, un profundo afecto mutuo. El futuro; sin embargo, les deparaba tormentas donde se pondría a prueba el sentimiento que los unía.

Ambos se casaron, cada uno en su época y con jóvenes de ascendencia igualmente noble. Aunque los arreglos matrimoniales fueron única y principalmente en interés de las familias, Warren apreció mucho la elección que se le hizo. El joven pretendiente supo cautivar sus sentimientos más nobles y, entre ellos, el amor floreció por completo, aportando al temperamento sensible del hijo mayor del Conde de T. un entusiasmo por la vida nunca antes experimentado.

El matrimonio trajo a Warren y Nancy toda la felicidad que jamás hubieran soñado. Ambos siempre intentaron poder estar juntos, en una conversación tocada por las miradas cómplices de quienes se amaban.

Dalton, por otro lado, tenía poco interés en la joven con la que se casó. Después del matrimonio, se interesó por los asuntos políticos y, a través de la influencia noble, se esforzó por ampliar sus posesiones, riqueza y poder.

Cada uno, a su manera, vivió su vida y, durante unos años, todo pareció seguir el orden natural que debía seguirse.

La felicidad de Warren y Nancy; sin embargo, duró poco. Las manos del destino llevaron a la amada esposa más allá de los horizontes de la vida, trayendo dolor y tristeza al corazón de su pareja. Ardiendo de fiebre y sosteniendo entre las suyas las manos de su marido, suspiró por última vez, llevándose consigo todas las ganas de vivir de aquel corazón cautivo.

Era el año 1463 y el hijo mayor del Conde Wallace T. se retiró, de gran luto, a una de las fincas, donde había permanecido muchos años. Nada ni nadie pudo disuadirlo del abatimiento y la tristeza que lo envolvían desde el fallecimiento de su amada esposa. Ajeno a todo, esperó su propia muerte, esperando encontrar nuevamente a Nancy en el portal de la vida, esperándolo con los brazos abiertos y una hermosa sonrisa, nunca olvidada.[5]

---

[5] "¿La pérdida de seres queridos no nos causa un sufrimiento tanto más legítimo porque es irreparable e independiente de nuestra voluntad? – Esta causa de sufrimiento afecta tanto a los ricos como a los pobres; es una prueba o expiación y una ley para todo." *El Libro de los Espíritus* - 934.

Pasaron largos y dolorosos años para Warren T., cuyo rostro austero, a través del dolor y el anhelo, lo transformó en otra persona. Se había vuelto desilusionado, solitario y taciturno. Evitó la vida social y solo acudió a casa de sus padres en ocasiones excepcionalmente necesarias. Después de 20 largos años, había dejado olvidada su juventud en aquellos rápidos días en los que se le escapaba una fugaz felicidad.

La muerte de su madre la sintió con melancolía, sumándose a la tristeza y desilusión que llevaba en su alma sensible.

Durante ese tiempo, solo había visto a Dalton unas pocas veces y, sin mucho interés por la vida de su hermano, había aprendido sobre su sobrino, nacido poco después de la muerte de Nancy. Nunca conoció al niño, que llevaba el nombre de su bisabuelo paterno, Irving T.

Con la muerte de su padre, la sucesión recayó en él por derecho, pero sin entusiasmo, Warren dejó todo en manos de su hermano. Inerte, permaneció al margen, confinado en el pasado donde se mezclaban sombras y alegrías, mientras la vida se consumía sin esperanza.

Las mañanas de primavera, floridas y fragantes, le traían dulces recuerdos de Nancy, y Warren solía cabalgar solo, sintiendo la suave brisa cortejándolo en el camino, como si quisiera arrebatarle su vana tristeza. Los recorridos fueron largos y no se limitaron a sus propiedades. A menudo cruzaba las fronteras hacia el pequeño pueblo de las afueras. En estas ocasiones, aunque brevemente, observé a los humildes vecinos trabajando, las mujeres rodeadas de niños, algunos ancianos con la cabeza gacha y, de vez en cuando, alguna pareja en el camino. Se preguntaba a dónde iban, de qué hablaban, qué pensaban... Daría cualquier cosa por estar allí, al lado de aquella gente sencilla con su Nancy, como si, a cambio de sus títulos nobiliarios, poder y oro, podría rescatar la vida de su amada.

Un día, en uno de sus paseos, se encontró con un pequeño cortejo fúnebre. Quedó impactado por la visión inesperada, como si fuera un espejismo aterrador que clavaba garras abominables en su corazón descolorido. Quería alejarse, pero se sentía inexplicablemente atraído por el séquito. Miró al séquito, notando sus rostros endurecidos, todos silenciosos, caminando rápidamente. Respetuosamente, permaneció observando el funeral desde la distancia, saliendo después discretamente.

A partir de ese día, en sus habituales paseos, regresaba siempre al mismo lugar donde había presenciado desde lejos el entierro. ¿Quién habría sido enterrado allí? Se preguntó intrigado, recordando a aquellas personas entristecidas y silenciosas que asistieron al funeral. ¿Habría dejado a alguien como estaba cuando Nancy se fue?

Warren sintió allí, en ese lugar, algo comprensivo con su dolor, como si el destino lo vinculara a esa muerte. Aun sin entender el motivo, terminó regresando, y sin darse cuenta, era la primera vez en esos 20 años que se interesaba por algo más que Nancy.

Le hacía bien pensar en otras personas, en otra realidad distinta a la suya. Y por una casualidad del destino, fue exactamente allí, en ese humilde cementerio, recuerdo vivo de la pérdida de su amada esposa, donde el Sr. T. finalmente logró enterrarla en su corazón y quiso continuar buscando, una vez más, por su felicidad. En uno de sus habituales paseos, al acercarse al cementerio, notó la presencia de alguien. Solo una figura, apenas distinguible desde lejos. Dudó en acercarse, pero algo le impidió alejarse. Además, tal vez esta fuera la oportunidad de conocer la muerte que tanto lo había intrigado. Se armó de valor y tomó el camino, pensando en cómo acercarse a lo desconocido. A cierta distancia desmontó de su caballo y se acercó respetuosamente. A cada paso, mirando fijamente a aquella tumba, intentaba identificar a la persona que, agachada, en oración o llorando, no había advertido hasta entonces su presencia. Ya muy cerca, sin posibilidad de volver atrás, se sobresaltó ante los ojos que lo miraban con miedo. ¡Eran ojos de color marrón verdoso, tan claros, enmarcados por el rostro de una hermosa mujer!

La niña se levantó rápidamente, cubriéndose casi por completo el rostro con el manto negro que envolvía todo su frágil y esbelto cuerpo. Ella permaneció en silencio frente al hombre que la observaba seriamente. Avergonzada, dio unos pasos para alejarse. Warren le preguntó ansiosamente:

- ¿Quién era el fallecido?

- Durval B. ¿Por qué quieres saberlo? ¿Es que lo conoces? - Preguntó la joven intrigada.

- No lo conocía. Vi el cortejo fúnebre y me interesó saber quién era... - respondió Warren reticente.

- Es inusual que un noble se interese por un zapatero muerto - dijo un poco sospechosamente.

- ¿Era zapatero? Oh, no lo sabía - dijo el hombre, decepcionado por la dureza de la chica.

La miró durante mucho tiempo y notó que ella estaba temblando, tenía los ojos muy abiertos y, en cierto modo, parecía angustiada. Pensó que tal vez esta situación inusual, como ella misma la definía, la estaba perturbando más de lo que nadie hubiera imaginado. Intentó disculparse:

- Le pido que acepte mis disculpas. Me retiraré según corresponda, ya que no tengo intención de molestarla, señora.

Desconcertada por haberlo juzgado mal, la joven, cambiando de tono de voz, prosiguió:

- Era mi padre. Un hombre bueno y honesto, a pesar de no ser más que zapatero. Solo nos teníamos el uno al otro. Gracias por su interés.

Warren escuchó en silencio y se mostró respetuoso mientras la joven se alejaba rápidamente. No le había dicho su nombre. Lo único que sabía era que era la hija del zapatero y que no tenía a nadie más en el mundo. ¿Estaba pasando por privaciones después de la muerte de su padre? Nunca se había imaginado cómo sería la vida de esas personas. Nunca se había sentido privado de nada ni se había preocupado por el resto del mundo. De repente se dio cuenta que había pasado todos esos años pensando en su Nancy, como si ella también hubiera muerto. Y, en cierto modo, también había muerto en el mismo momento en que su esposa cerró los ojos para siempre.

De pie ante la tumba del zapatero, sintiendo la cálida brisa del verano, Warren pareció despertar de una larga y oscura pesadilla en la que la soledad casi lo había vuelto loco. Montó en su caballo y emprendió el regreso, pensando en todo lo que le había sucedido desde su encuentro con el cortejo fúnebre.

En los días siguientes, Warren, por mucho que lo intentara, no podía dejar de pensar en esa joven de ojos tan hermosos. Se sintió envuelto por esa mirada, hasta el punto de querer reencontrarse con la hija del zapatero. A pesar de todo, no se sintió animado a regresar al cementerio ni siquiera a buscarla en el pueblo. Era como si estuviera traicionando a su Nancy, después de todos esos años de extrema fidelidad.

Un enorme conflicto surgió dentro del hijo mayor del conde Wallace T.. Fueron 20 años de reclusión interior, de renuncia y abdicación de uno mismo. No podía creer que ahora, de la nada, una joven de origen humilde viniera a sacarlo de esta introspección.

Se quedó ansioso, angustiado, culpándose y exigiéndose lo que ya sería imposible. Esa mirada de la joven desconocida lo había liberado del luto y su corazón ahora latía por una nueva vida, por la felicidad que, se dio cuenta, aun podía sonreírle. No la misma felicidad de antes, cuando la flor de la juventud perfumaba sus caminos, sino la serena y plena felicidad que un nuevo amor podía traerle.

Al notar los nuevos sentimientos que llenaban su pecho, Warren sufrió al no poder contenerlos, ante la incertidumbre que sería correspondido por la joven de quien se había enamorado. Esperaba que ella sintiera lo mismo y lo deseara tal como él la deseaba a ella. No sabría contentarse con tenerla a su lado solo por conformismo, debido a las ventajas que su puesto podía proporcionarle.

Después de muchas dudas, decidió buscar a la joven en el pueblo.

No fue difícil saber su nombre y dónde encontrarla. Evelyn lo recibió sorprendida. Warren se explicó diciendo que apreciaba mucho sus modales y le confió su dolorosa viudez. Le ofreció ayuda para superar la ausencia de su padre sin tener que pasar penurias y sacrificios. Sospechosa, ella lo escuchó con atención. Temerosa, aceptó vacilante la ayuda. Algo; sin embargo, la llevó a confiar en aquel distinguido caballero.

Así nació entre ellos un sentimiento gratificante para ambos. Les proporcionó un cálido consuelo, una compañía fiel, el color de sus días, las ganas de sonreír, la sensación de estar vivos, el amor, en definitiva.

Seguro de querer empezar de nuevo su vida con Evelyn, Warren le escribió una larga carta a Dalton, contándole sobre la boda e invitándolo, ya que su presencia sería motivo de gran alegría.

También pretendía aprovechar la oportunidad para conocer a su sobrino, que entonces tendría 17 años. Sin anticipar la reacción de su hermano, Warren envió la carta y esperó una respuesta, mientras continuaba con los preparativos de la boda. Tendría que ser una ceremonia sencilla sin perderse, eso sí, la celebración por una fecha tan especial.

Contrariamente a sus expectativas, Dalton respondió a su carta con una larga y embarazosa misiva, en la que desaprobaba por completo la unión con Evelyn, debido a sus orígenes. Exigió que rompiera inmediatamente con su prometida y se mudara con su familia, donde se tomarían todas las medidas para poder contraer un segundo matrimonio con una pretendiente adecuada.

Asombrado, Warren apenas podía creer que esas palabras vinieran de Dalton. Llevaba muchos años alejado de su hermano. ¿Qué pasó durante ese tiempo para que cambiara así?

¿Qué derechos tendría al querer dirigirse a él?

¿La vida? Sin encontrar nada que respondiera tantas preguntas, decidió buscarlo. Por ello, partió al encuentro de lo que quedaba de su familia, con la esperanza que algún malentendido hubiera interferido en la decisión tomada por el segundo hijo del conde Wallace T.

Evelyn permaneció esperándolo, temiendo que todos los planes que había hecho con su prometido no fueran más que castillos de arena, frágiles y esquivos. A pesar de las diferencias entre ellos, el sentimiento que los unía era auténtico y sincero. Warren estaba seguro del carácter recto e intachable de la joven mujer.

El enfrentamiento entre los dos hermanos era inevitable. Mientras Dalton, arrogante e imponente, exigía de su hermano una conducta acorde con la nobleza a la que pertenecía, Warren hablaba de otra nobleza: la de los sentimientos puros y la paz en el corazón lleno de felicidad. No hablaban el mismo idioma y por mucho que discutieran uno no podía entender ni aceptar la opinión del otro. Además, el hermano menor nunca había encontrado el amor verdadero, y quizás por eso se había vuelto tan endurecido e intransigente. Pensó en cómo Warren, dos veces, había recibido el regalo que la vida le había negado y dos veces se lo habían devuelto. Se negó a aceptar como verdadero el sentimiento que nunca había conocido. Sucedió lo inevitable. Como Dalton era el encargado de gestionar los bienes heredados por sus hermanos, con la aquiescencia del propio Warren, se colocó en el puesto de inquisidor. Delegó en su hermano mayor algunas propiedades y una quinta parte del dinero y las joyas que por derecho le pertenecerían. Sin embargo, no pudo quitarle el título de nobleza que le correspondía como hijo primogénito.

Los hermanos T. Dalton se hicieron ricos y Warren con el título de conde dejado por su padre rompió relaciones. La codicia de uno junto a la nobleza del otro.

Sin inmutarse, el conde Warren T. se casó con Evelyn S. y abandonó la finca donde había vivido durante los últimos veinte años. Se trasladaron a una ciudad lejana y agradable. Corría el año 1484. Para ambos comenzaba una nueva etapa en sus vidas, con el corazón lleno de esperanza. En un lugar muy agradable construyeron su nido de amor en una casa elegante y espaciosa, de construcción sobria y singular belleza, adquirida por el conde Warren T.

Se llevaron consigo a algunos servidores de confianza y estaban seguros que serían muy felices, sin mayores preocupaciones. La división de bienes, aunque arbitraria, no los privaría de seguridad, sin extravagancias. Acostumbrada a una vida humilde y a la escasez de recursos, Evelyn sabría valorar a partir de entonces cada detalle, sintiéndose la criatura más rica y afortunada.

4 Con el paso del tiempo

Embelesados por el sentimiento que los unía, Warren y Evelyn vivieron días felices. Y para completar aun más su felicidad, Dios los bendijo con una pequeña hija, Cristine, con quien comenzaron a compartir el amor que desbordaba en sus tiernos corazones.

Semejante felicidad hizo que el señor T. recordara a su hermano. Le gustaría poder compartir ese momento feliz con Dalton y, con la más noble de las intenciones, escribió una larga carta en la que narró el rumbo tomado tras la ruptura entre ellos y los principales acontecimientos desde entonces, destacando la rectitud de su el carácter de su esposa y el nacimiento de su pequeña hija. Con la esperanza de poder retomar las relaciones con su único hermano, envió la carta. No recibió respuesta.

Cristine creció rodeada del cariño y apoyo de sus padres, quienes la regalaban golosinas y obsequios. Recibió la esmerada educación que merece la hija de un conde, sin que; sin embargo, fuera consciente de la existencia del resto de la familia.

Los años transcurrieron tranquilos y felices para aquellas personas que supieron poner el amor como prioridad en sus vidas. La dulce y tierna Evelyn llenó de encanto la vida de Warren y, ni por un momento, se arrepintió de romper con su hermano en nombre de esa unión.

Cristine se convirtió en una joven hermosa, aunque demasiado seria. De baja estatura, cuerpo esbelto y delicado, mirada atenta e inquisitiva. Manos pequeñas, delicadas y una hermosa voz que cantaba canciones que le enseñaba su madre. Eran canciones que hablaban del pasado en tierras lejanas y de costumbres que habían quedado atrás junto con todo lo demás, desde el día en que unió su destino al del conde T. No había heredado la dulzura y la delicadeza de su madre, ni la calma y la altivez de su padre. Era dulce, modesta, es cierto, pero tenía cierta obstinación y orgullo, que la hacían muy diferente. Nunca dejó de respetarlos, ni dejó de corresponder el amor incondicional que siempre había recibido. Sin embargo, en el fondo, no se dejó guiar por los consejos y orientaciones que recibió. Warren tenía cabello y ojos oscuros, Evelyn tenía la piel clara y aterciopelada, pero su enigmática mirada mostraba la tribulación que había en su alma, inexplicablemente.

A su lado, la sombra del enemigo revelaba su pasado culpable. El ente envuelto en revuelta y odio la acompañaba esperando pacientemente el momento oportuno para el repugnante acoso. Tarde o temprano la envolvería en el mismo dolor y sufrimiento que le había causado en el pasado.

Warren se preocupaba por el futuro de Evelyn y Cristine, en caso que él estuviera ausente. Intentó asegurarse muchas veces que estuvieran bien, recomendando a su esposa las medidas que debía tomar cuando él no estuviera. La diferencia de edad le hizo creer que se iría mucho antes y sufrió al pensar que no estaría al lado de su esposa e hija para protegerlas por mucho más tiempo. A sus 64 años, a pesar de sentirse de buen humor y de buena salud, le gustaría ver a Cristine felizmente casada, con el apoyo y la confianza de su yerno, quien sin duda sería el apoyo para ambos.

Cristine, que entonces tenía 16 años, aun no se había interesado por ninguno de los chicos que le habían sugerido sus padres como marido. Contrariamente a las costumbres de la época, ni Warren ni Evelyn querían imponer a su hija una unión que no fuera de su agrado, y esperaban que ella decidiera por quien eligiera su corazón. Les gustaría que la vida juntos le brindara a Cristine la misma felicidad que alguna vez recibieron.

Ese día no tardó en llegar. Invitados por personas respetadas, la familia T. asistió, llevándose a su hija con ellos. Fue entonces cuando les presentaron a Julian M. como el sobrino de Lord Harold S., un noble muy conocido y respetado. Elegantemente vestido, amable y galante, este caballero conmovió profundamente el corazón de la pequeña hija del conde T.

A primera vista, sintió florecer la pasión y, en una explosión de nuevos sentimientos, lo eligió como pretendiente para su mano.

Julian M., de unos 30 años, poseía una singular soltura y elegancia, mirada expresiva y cautivadora, dulce sonrisa, porte altivo, era insinuante y delicado con las mujeres. Perspicaz, pronto advirtió las miradas discretas de la hermosa muchacha y se las devolvió cortésmente. No fue difícil entablar conversación con el conde y conocer la vida de aquella familia. Bastante satisfecho, mostró interés en cortejar a Cristine T.

Todo parecía transcurrir de forma natural. Cristine, enamorada, esperaba impaciente la aprobación de sus padres.

El encuentro de estas almas; sin embargo, causó mucha tribulación al obsesor, quien, entre recuerdos angustiosos, odio y rencor, siguió los acontecimientos. Los recuerdos más tristes volvieron a la vida, haciendo que cada minuto fuera amargo, sin tregua. Su cuello tenso y su respiración difícil, testigos constantes del trágico final, denunciaron el acto criminal que la desesperación lo había llevado a cometer contra su propia vida. Cobardemente, buscó en el pasado poner fin a la traición y el deshonor que lo redujeron a una alimaña infame. ¡Gran ilusión! Nada está terminado; por el contrario, adquirió proporciones fantásticas y alucinatorias, en las que el dolor y la desesperación aumentaron ampliamente.

La revuelta, tan grande frente a todo, le hizo aceptar obstinadamente el loco deseo de venganza. Ganó nuevas fuerzas, redobló el ánimo, mientras alimentaba este deseo. Luego comenzó a perseguir sin descanso la desafortunada causa de su desgracia para hacerla experimentar todos los tormentos que lo consumían.

Cristine, aunque momentáneamente apoyada por sus padres, debido a su alta moral y nobleza de sentimientos, atrajo hacia sí el odioso espectro. Su pasado culpable la traicionó y se produjo el inevitable enfrentamiento entre ellos. Y ahora, Julian resucitó de las cenizas del pasado, más fuerte que nunca. Decepcionado, Caliel vio, una vez más, cómo el destino conspiraba contra él.

Mientras seguía todo el entusiasmo de la joven enamorada, se sintió transportado a tierras lejanas, en un tiempo remoto, donde Glenda se le apareció hermosa, su cabello dorado suelto, su piel blanca, sus mejillas sonrosadas, y los dos, felices, enamorados, corrían por las calles, los campos, como pájaros libres en busca de la suave brisa que los mece al atardecer.

Lágrimas ardientes rodaron por los rostros macerados por el dolor, y el espectro pareció sentir aun el frágil cuerpo de la joven en el tierno abrazo, antes que sus labios se juntaran, sellando la pasión que los atraía en la inocencia del primer amor. Gemidos de dolor, desenfrenados, se le escaparon ante los dolorosos recuerdos:

- ¡Maldita sea, traidora, víbora! ¡Tendrás que pagar caro! Te entregué mi corazón, mi alma, mi vida y te regodeaste con mi amor...

El pasado; sin embargo, seguía desfilando en la pantalla mental, torturando su espíritu con heridas.

Visualizó la sencilla casita que los acogía como marido y mujer. Sintió que su corazón latía más rápido ante la imagen del nido de amor que con tanto amor había construido, con sus propias manos, para la mujer que amaba. Recordó a los pequeños que llegaron para coronar la unión que el cielo bendijo. Los ojos de Glenda, tan hermosos, su rostro, sus labios, su piel... Era como si estuviera retrocediendo en el tiempo, reviviendo toda la felicidad de aquellos días lejanos. De repente, un gran dolor cayó sobre todos en aquellas tierras donde el trabajo era arduo pero gratificante. Con la muerte del señor, el duque Edgard L., los vasallos, al unísono, bajaron la vista y lamentaron la partida de quien los había respetado y apoyado. Su hijo, Kevin L., que legítimamente lo sucedió, comenzó a ejercer su autoridad arbitraria y a sembrar el descontento y la revuelta. Sin preocuparse por el bienestar de quienes le servían, gobernó con egoísmo y desprecio. Extremadamente orgulloso e inútil, sembró la desgracia en la vida de aquellos a quienes Dios había puesto, siguiendo el ejemplo de su padre, para proteger y sostener. Glenda, entonces, la bella y soñadora esposa, se dejó seducir ligeramente por el amo. Incapaz de soportar tal golpe asestado a su apasionado corazón y, desmoralizado, Caliel se suicidó. Desde entonces, no había podido olvidar los tormentos que, como fantasmas, lo perseguían. Ya no le quedaba esperanza, solo el dolor lo impulsó, sin tregua ni límites, a vengarse, a vengarse, a vengarse.

¡No soportaría verlos juntos otra vez! Pero el destino pareció favorecer este reencuentro y, sumergido en las sombras del odio, quien en el pasado tanto la amó, ahora trama astutamente la desgracia de Cristine. Nada lo disuadiría de su intención. Julian podría ser una presa fácil, por su mala conducta y falta de carácter. Poco a poco comenzaría a involucrarlo e influenciarlo de manera sistemática, interfiriendo en sus anhelos, pensamientos, anhelos y placeres. Cristine sería entonces golpeada por su antiguo amante y nadie, ni siquiera sus padres, podría seguir protegiéndola. Aunque molesto por su reencuentro, el verdugo buscó concentrar todas sus fuerzas en destruir la felicidad de aquella pareja que una vez había trazado sus ásperos caminos, sembrando espinas en los corazones amigos que compartían su experiencia carnal.

El conde Warren se sintió íntimamente incómodo sin saber por qué. Compartió sus preocupaciones con Evelyn y ambos decidieron observar atentamente a este joven, pretendiente de la mano de su amada hija, antes de asumir cualquier compromiso. Cristine, por otra parte, estaba más que contenta. Era como si ya conociera a Julian y estuviera esperando que él pudiera ofrecerle sus sentimientos más preciados, poder entregarse en cuerpo y alma. Sin miedo ni deseo alguno, esperó la aprobación de sus padres al candidato elegido por su corazón.

Evelyn y Warren le advirtieron de la gravedad del asunto y de la necesidad de estar seguro de la rectitud del carácter de Julian. Le hablaron pensativamente, aconsejándole que mantuviera la calma, pero Cristine tomó la actitud contraria. Acostumbrada a tener satisfechos todos sus caprichos, no era propensa al sentido común ni a la razón. La joven aun llevaba en el pecho la impaciencia y la imprudencia que, en tantas otras vidas, la habían hecho sucumbir. Se abalanzó una vez más ante aquella alma, ya conocida por él, que se empeñaba en poseer con repugnante urgencia y egoísmo. Ni siquiera ella misma sabría definir el porqué de tal obstinación ante el sentimiento que la dominaría durante mucho tiempo, conduciéndola a través de errores, crímenes y sufrimientos, hasta poder discernir con mayor claridad y tomar las decisiones correctas... Pero en ese momento le sería imposible frenar sus impulsos apremiantes. Los argumentos de sus padres le parecían irrelevantes ante emociones tan intensas.

Prefería escuchar la voz de su corazón y recurrir a trucos que facilitaran su intención lo antes posible.

En su ayuda, la falta de conocimiento de cualquier prueba que desacreditara la conducta de Julian respaldaba sus deseos desenfrenados. Sus padres aceptaron y se hizo el compromiso. El propio Lord Harold S. asistió al compromiso, que tuvo lugar después, en una ceremonia íntima, y se programó la boda.

En respuesta a la petición de Warren, Julian y Cristine permanecerían viviendo allí, en la misma casa donde nació la niña, después de su matrimonio.

Sin embargo, por mucho que las pruebas demostraran el carácter íntegro de su futuro yerno, el señor T. seguía manteniendo cierta cautela. El corazón de su amoroso padre le advirtió sobre algo que la razón no podía entender. Y lejos de saber toda la verdad, no había nada que pudiera hacer, dadas las corazonadas que le advertían.

Harold S., el influyente, respetado y temido noble, en realidad escondía detrás de su prestigio y poder, grandes debilidades morales. Bebedor empedernido y propenso a la embriaguez, se vio en una ocasión envuelto en una situación muy delicada, en la que seguramente habría sido desmoralizado y ridiculizado ante el tribunal, si no fuera por la intervención de Julian. Ambos lograron desmantelar las pruebas y revertir la situación a favor del noble. Como en un pacto sellado entre ambos, Lord Harold comenzó a jurar su propio nombre a favor de su socio. Julian, que provenía de una familia humilde y sin ninguna influencia de la que sacar provecho, empezó a utilizar el prestigio del noble para infiltrarse en los estratos sociales más prestigiosos. Fue así como conoció al conde T. y decidió casarse con la hija del conde. Le pareció suficiente, además, estaba encantado con la joven de mirada inquisitiva y actitud comedida. Cristine se regocijó de satisfacción. Nunca imaginó poder vivir días tan felices. Era como si estuviera viviendo en un hermoso cuento de hadas donde la magia del amor la tocaba, envolviéndola por completo en absoluto éxtasis. A medida que se acercaba el día de la boda y los preparativos eran la mayor preocupación de todos en esa casa, la niña parecía caminar sobre las nubes, escuchando solo el dulce roce de las alas de los ángeles. Ella permaneció extasiada, distante, absorta, esperando el momento en que se uniría para siempre a su gran amor. Se dejó envolver por el arrobamiento de la pasión y vivió cada segundo de expectación como si sorbiera la más deliciosa miel, hasta consumar la unión matrimonial.

Bendiciones, saludos, brindis y toda una serie de trámites fueron realizados con esmero por los novios. Para Cristine, todo parecía contribuir a que el momento fuera aun más especial. Bella con su vestido de novia, al lado de Julian, ahora su elegante y halagador marido, cumplió su gran deseo en esta unión tan esperada por su espíritu inmortal. Ninguno de los dos podía ser consciente de la importancia de tal momento. En sus corazones; sin embargo, podían sentir el pulso de la alianza sublime, del pacto divino, donde cada uno debía desempeñar su papel de compañero fiel y solidario en esa pequeña etapa de su vida, buscando la redención de las graves ofensas cometidas contra el Leyes Divinas.

Caliel los acompañaba como una sombra siniestra, llevando penas y aflicciones en su pecho atormentado. A pesar de su resentimiento, esperó pacientemente el momento de intervenir.

Terminada la ceremonia, Julian tomó las manos de Cristine y las besó tiernamente. Subieron las escaleras en silencio, dirigiéndose a las habitaciones que habían sido preparadas para ellos. Todo arreglado con mimo. Ya no era la habitación de una niña.

Julian se acercó y sus ojos la miraron profundamente. Le soltó el cabello y lo acarició con delicadeza, mientras la joven esposa se dejaba envolver por la dulce invitación del deseo, que emergía poco a poco ocupando el lugar de los deseos que atormentaban su corazón. Sintió los labios de su amada tocar los suyos con tanta ternura, el cálido abrazo, las caricias... Su alma largamente cautiva esperaba el momento en que fueran solo uno. Romántica y soñadora, dejó de ser ella misma y a partir de entonces vivió únicamente en base a esa pasión.

Julian creía que había comenzado una nueva vida, donde sus aventuras de soltero habían quedado atrás, en el pasado. Se dejó fascinar por la belleza de su esposa y la frescura de su juventud lo contagió, haciéndolo sentir también puro y exuberante, ante ese amor que ella le ofrecía sin deseos ni miedos.

El tiempo transcurrió agradable y templado. Cristine se despertaba cada mañana más y más feliz, sintiéndose plena. Julian, acogido como hijo por sus suegros, vivía en la más perfecta armonía, con todas las comodidades y seguridades que antes desconocía. Por momentos sintió remordimiento por no haber sido completamente honesto acerca de su pasado, pero se excusó pensando que de ahora en adelante haría todo lo posible para merecer la confianza depositada en él por los padres de Cristine.

Unos años después de la boda de su hija, Warren enfermó gravemente y se marchó, sin cumplir su último deseo: acunar a su nieto y ofrecerle el apoyo de un cariñoso abuelo. El nieto que tardaba en llegar, pero que seguro vendría, con la gracia de Dios.

En el último momento, Evelyn cerró los ojos de su amado compañero y se vistió de luto intenso que nunca abandonó. Sintió mucho su ausencia y empezó a interesarse solo por su hija, sin la cual no tendría ningún motivo para vivir.

Después de la muerte del conde, algo cambió sin que Cristine o Evelyn se dieran cuenta de inmediato. Julian había empezado a ausentarse con más frecuencia. Con cuidado; sin embargo, trató de no causar ningún escándalo que pudiera comprometerlo ante los ojos de su familia. Cristine sintió que su corazón se avergonzaba al notar a su marido distante y distraído. Se culpaba por no haber quedado embarazada todavía y no haberle dado un hijo, creyendo que esa era la causa de su cambio.

Caliel gradualmente se insinuó en los pensamientos, anhelos y nostalgias de aquellos a quienes pretendía arruinar despiadadamente. Julian, que aceptó pasivamente sus sugerencias, se entregó a la rebelión y retomó las viejas costumbres, siguiendo la propensión propia del espíritu al desorden.

Cristine, después de la pérdida de su padre, se había vuelto vulnerable a las insinuaciones del obsesor. Sintió que un gran abismo se abría en su pecho, devorando la felicidad y la esperanza. Se deprimió cuando las sombras la envolvieron. Vestida de luto intenso, permitió que el color ébano de su traje se mezclara con su estado de ánimo, en un duro invierno con cielos grises y vientos helados. Recordó los paseos junto a Julian por los campos verdes y frondosos, en las hermosas mañanas de primavera de su compromiso y el comienzo de su vida juntos. La fugaz felicidad se le escapó junto con la presencia de su querido padre, a quien tanto extrañaba. Recién ahora se dio cuenta que toda la seguridad que siempre había sentido provenía de ese noble y orgulloso caballero. Envuelta en su propio dolor, no se daba cuenta que Evelyn se estaba consumiendo día a día. Cuando se dio cuenta, la avanzada enfermedad ya había comprometido la salud de su madre quien también se fue, dejándola sola con sus miedos e incertidumbres. Cristine lloró por la pérdida de Evelyn, infeliz. ¿Cómo podría seguir viviendo sin su cariño, su dulce y tierna sonrisa, sin su comprensión incondicional? Precisamente en ese momento, el más crítico de su vida... Indefensa, sin la presencia de sus padres, y Julian alejándose. Cuando se le preguntaba, se disculpaba cortésmente y pronto volvía a escapar de la cálida convivencia que habían tenido hasta entonces.

Estuvo involucrado en negocios turbios, adquiriendo a menudo deudas con personas sin escrúpulos. El riesgo de caer en manos de acreedores le llevó a utilizar la herencia dejada por sus suegros. Hubo muchas ocasiones en las que se deshizo de propiedades para pagar deudas. Cuando Cristine se dio cuenta del fraude, poco les quedó.

Julian, después de los primeros años de matrimonio, poco a poco volvió a sus viejas costumbres, involucrándose en juegos de azar, engañándose con negocios rebuscados y aventuras de todo tipo. Cuando ya no pudo ocultar a su esposa su ruina casi total, continuó engañándola con la promesa de recuperar los bienes perdidos, en un determinado negocio, a punto de realizarse, siempre que pudiera reunir una determinada cantidad. Sus argumentos resultaron convincentes para quienes no sabían nada de tales cuestiones. Además, era astuto y le impedía recibir orientación de nadie, alejándola de las personas con las que había convivido desde sus primeros años. Eran queridos amigos que, preocupados por el rumbo de la situación, intentaron intervenir evitando que el caos fuera total. Julian los apartó, duro y descortés. Intimidados por el hombre sin escrúpulos, se abstuvieron de esperar a que se desarrollaran los acontecimientos, esperando poder, de alguna manera, ayudar a Cristine.

Julian propuso vender la casa. La hermosa casa donde Cristine nació, creció y vivió los días más felices de su vida. La misma casa que los había acogido como marido y mujer, llenos de amor y felicidad en un pasado no muy lejano.

Cristine no podía dar su consentimiento, no podía concebir la idea de vivir en otro lugar. Esa casa era parte de su vida. Pero su marido la envolvió de tal manera con promesas, y su deseo de creer era tan grande, que cedió. Lejos de todo y de todos; sin embargo, se vería abandonada a su suerte y el tiempo le mostraría hasta qué punto se había dejado engañar, pero ya sería demasiado tarde.

Había sabido lo voluble que era el hombre al que se había unido en los sagrados vínculos del matrimonio cuando estaban completamente en quiebra. A partir de entonces, una amarga decepción fue su compañera cada hora. A medida que el torbellino de pérdidas colapsaba en su vida, Cristine comenzó a reconocer cuán voluble era el carácter de su marido. Se culpó a sí misma por involucrarse, creyendo que las cosas aun podían mejorar. Pero la peor y más grande de todas las pérdidas, la que no podía soportar, fue la pérdida del amor de Julian.

Impávido, Caliel se regocijó de satisfacción ante la desgracia de Cristine. A las puertas de la miseria y despreciada por su marido, sin recursos ni expectativas para revertir la delicada situación, poco quedaba para que ella fuera arrastrada al mismo fin que le había llevado a él a sucumbir a la vil traición del pasado.

En cuanto a Julian, el verdugo quedó satisfecho por el momento, al verlo abandonado a sus propias debilidades y vicios. A partir de entonces centró su atención en Cristine hasta destruirla por completo. Sintió ese día muy cerca.

5 El triste resultado

Julian empujó la puerta y entró. Estaba visiblemente ebrio. Caminó hacia Christine y tomó su rostro entre sus manos. Sonrió. No la sonrisa dulce y cautivadora que tanto admiraba, sino una sonrisa incómoda, mientras repetía su nombre:

- ¡ Cristine! ¡ Cristine! ¡ Cristine! ¡Estamos arruinados, mi amor!

Ella tembló y, a pesar de la angustia, se dio cuenta de todo el amor que aun sentía. Quería poder abrazarlo, besarlo en los labios, contarle su angustia, pero permaneció inmóvil y en silencio, solo mirando los hermosos ojos de su marido. Había algo serio en ese momento crítico. Julian esquivó su mirada suplicante y comenzó a reunir algo de ropa y efectos personales. El silencio fue roto por tímidas palabras de indignación, que la pobre mujer murmuraba cada vez más para sí y que, poco a poco, se convirtieron en súplicas desesperadas:

- ¿Qué haces? ¿Piensas marcharte y dejarme en este estado de abandono y penuria? No puedes... Qué sería de mí... Te lo ruego, te lo ruego... Ten piedad... Prometí todo lo que tenía, todos los bienes que heredé, en nombre de nuestro amor, y ahora ya no queda nada, la despensa está vacía, por favor...

La somnolencia del vino confundió los pensamientos de Julian y adormeció sus sentimientos - "¡Pobre mujer! – pensó -. Está desesperada, pero ¿qué podría hacer yo por ella?" Se sintió mal por esa situación. Cuando la conoció, tan joven, llena de vida, hija única de un matrimonio adinerado, no pudo resistirse a sus encantos. No podía negar que la situación financiera era muy atrayente, pero no había más que puro interés.

Los primeros años de vida matrimonial le hicieron creer que había dejado atrás las mesas de juego, la bebida y los placeres en brazos de mujeres viles, pero se equivocaba. Con el tiempo, la rutina de la vida en común lo aburrió y una fuerza irresistible lo llamó a vivir otras aventuras fuera de casa. Ahora, después de 13 años de convivencia, se sentía impotente ante todo. Cristine, de unos 30 años, ya no era la joven que había conocido. Triste e introspectiva, ella lo irritaba con sus modales y exigencias corteses. Además, la silueta algo más grande poco se parecía al cuerpo esbelto y delicado del pasado.

Ajena a los pensamientos de Julian, Cristine lloró y le rogó que no la dejara. Hablaba de amor, pero qué es el amor sino algo fugaz y transitorio, una tontería, pensó. ¡Cómo quisiera que se callara! No tenía sentido todo eso, nada le haría cambiar de opinión. Se sintió asfixiado en aquella habitación miserable, en presencia de aquella mujer histérica. Antes de irse, la miró una vez más:

- Adiós.

Enloquecida, llorando, sintió caer sobre ella todo el peso del dolor y de la humillación y la cabeza pareció darle vueltas.[6]

Exultante, Caliel se regodeó con la desgracia de la pobre mujer, inculcando en sus pensamientos oscuros, abatimiento y desesperanza, que se sumaron al triste episodio de abandono, que

---

[6] "(...) El hombre es infeliz, en general, por la importancia que concede a las cosas de este mundo. La vanidad fallida, la ambición y la codicia lo hacen infeliz. Si se eleva por encima del estrecho círculo de la vida material, eleva su pensamiento hasta el infinito, que es su destino, las vicisitudes de la humanidad le parecerán mezquinas e infantiles, como los dolores de un niño que se aflige por la pérdida de un juguete que representaba su felicidad suprema - *El Libro de los Espíritus* - 933 - comentario de Kardec.

había terminado por darle las últimas fuerzas. Allí permaneció llorando amarga e interminablemente hasta quedarse dormida. Se despertó tarde en la noche y ante los primeros recuerdos deseó que todo hubiera sido una pesadilla más. Uno de esos sueños horribles que nos hacen estremecer de terror, con la voz atascada en la garganta, ahogando el grito. Cómo deseaba poder levantarse y correr a la habitación de sus padres, como cuando era niña, sentir el calor del abrazo de su madre reconfortándola y el regazo de su padre llevándola de regreso a su cama. ¡Qué amada era! Cuánta felicidad había experimentado. Quería poder maldecir el momento en que conoció a Julian, pero no pudo. Siguió sintiendo el mismo amor, mayor que sus propias fuerzas y eso era todo lo que le quedaba. Y sin darse cuenta, instigó la ira del espectro, odiándolo cada vez que pensaba en ese amor. "¿Cómo podría amar al hombre maldito que había sembrado desgracias y deshonras en su vida?", se rebeló Caliel gritando al cielo, mientras una sustancia oscura corría por sus labios y le faltaba el aire, obligándolo a permanecer en silencio. De manera fluida, este estado se reflejó en Cristine como un desmayo total.

¿Cuánto tiempo permaneció entre ensoñaciones y aflicciones, sollozos y abandono de sí misma? Perdió por completo la noción del tiempo. Se dejó consumir por el dolor sin ver salida. No conocía a nadie, necesitaba recurrir a desconocidos, sentía hambre, frío, sufría. Se levantó, se puso un abrigo grueso y caminó hacia la puerta. La abrió y una vez más miró por un momento el pequeño apartamento, recordando los momentos críticos pasados allí. Entre dolor y angustia, se fue. No volvería. Todavía no podía soportar la humillación del desalojo.

Caminó por las calles sin saber hacia dónde ir, qué dirección tomar. Pensamientos dispares llenaron su mente, sintió que su cabeza daba vueltas y, tambaleándose, tuvo que sostenerse para no caer. Fue muy débil. Hacía algún tiempo que no comía adecuadamente. Después de deambular por mucho tiempo, una puerta abierta y el murmullo de voces llamaron su atención. Caminó en esa dirección y entró en una pequeña taberna con poco movimiento de gente, donde una mujer hablaba con tranquilidad a dos mujeres más jóvenes, quienes permanecían silenciosas, atentas:

- Cuando llegue Jorel tendrás que reconciliarte con él.

Con cierto aire de preocupación, las chicas se pusieron a trabajar, comprometidas en complacer a la responsable, llamada Grazia. Limpiaron las mesas, acomodaron las sillas y trapearon el piso, apresuradamente, sin notar a Cristine parada cerca de la entrada.

- ¡Por favor! - Dijo con voz temblorosa, llamando la atención de las mujeres hacia ella.

- ¿De dónde vienes? ¿Qué quieres? - Preguntó Grazia bruscamente.

- Excelencia, señora. Tengo mucha hambre... - eso fue lo que atinó a decir Cristine, avergonzada.

- ¿Qué quieres decir con "excelencia"? ¿Dónde crees que estás? Esto es una taberna - y estaba a punto de despedir a la desafortunada mujer cuando notó su abrigo, que era de buena calidad -. Pensándolo bien, el abrigo debe valer algo, luce bien... ¡Jorel se pondrá furioso! – Dijo la mujer sin parar, mirando el abrigo de Cristine, que cada vez se encogía más.

- Está bien. Te doy comida y bebida a cambio.

- Hace mucho frío... - respondió.

- Se ve muy pálida, señora. ¡Debes estar hambrienta! ¡Ya sé! Te propongo un buen trato: te cambio el abrigo por el mío - dijo recogiendo el viejo y gastado abrigo - y te daré algo de comer y de beber. ¿Aceptas?

Desanimada, Cristine aceptó la oferta de Grazia. Le entregó su abrigo y se puso lo que le ofrecieron. Luego se acomodó en el lugar indicado y disfrutó del caldo caliente, el trozo de carne asada y el vino.

- Será mejor que termines rápido y te vayas, porque este no es lugar para ti. Gente brutal, risas, ruidos fuertes, nada de pudor, si sabes a lo que me refiero - recomendó duramente el responsable.

Las otras dos miraron con curiosidad a la extraña hambrienta, cuando alguien entró en la taberna. Era un hombre de proporciones inusuales, muy corpulento y de rasgos brutales. Se sentó y pidió vino, que inmediatamente fue servido por uno de los sirvientes. El hombre bebió la taza de un trago y pidió más. Mientras esperaba, buscó el lugar con la mirada atenta, llegando a Cristine, quien estaba terminando de comer sintiendo cierto aturdimiento, debido al estado de debilidad en el que se encontraba y la velocidad con la que había consumido la comida. Por un instante sus miradas se encontraron, causando malestar a la señora, quien se levantó y caminó hacia la puerta. El hombretón la siguió con la mirada, mientras una extraña sonrisa dibujaba en sus labios. Inesperadamente, antes que pudiera llegar a la salida, sus manos, igualmente grandes, la agarraron del brazo, haciéndola darse la vuelta. Con calma, el extraño sacó una moneda de oro de su bolsillo y la arrojó, dejándola caer nuevamente en su mano. Cristine miró incrédula, imaginando una manera de evitar al atrevido hombretón, cuando Grazia vino a rescatarla, trayendo más vino y hablando sin parar, en su forma descontrolada. Él la miró significativamente, indicándole que se fuera rápidamente.

Tan pronto como llegó a la puerta, Cristine corrió, alejándose lo más que pudo. El viento frío de la noche; sin embargo, la devolvió a la realidad: estaba sola y sin destino. Volvió a pensar en Julian y en todo lo que le había pasado en las últimas horas. En su pecho el dolor se mezclaba con una angustia creciente. ¿Qué sería de ella? Por un instante, le vino a la mente esa moneda de oro que el gran hombre le agitó, pero tal propuesta estaba completamente fuera de discusión. Caminó sin rumbo por la gran ciudad, con los ojos perdidos en la oscuridad de la noche, temblando de frío, cuando vio una luz a lo lejos. Con cuidado, se dirigió en esa dirección, terminando en una especie de cobertizo en ruinas. A lo lejos, observó atentamente a un grupo de personas andrajosas alrededor de una fogata. Llegó lentamente. A nadie le sorprendió su presencia. Eran hombres y mujeres, la mayoría ya viejos, calentándose al calor del fuego, sucios y mal vestidos.

Cristine se sentó junto al extraño grupo. Observó los rostros sufrientes y las miradas inexpresivas, perdidos en el crepitar del fuego. Algunos de ellos la miraron con curiosidad, nada más.

Extremadamente cansada, se puso lo más cómoda que pudo y se quedó dormida sin ninguna esperanza.

Al día siguiente, los primeros rayos de sol entre espesas nubes y una densa niebla advertían que la vida continuaba. Todos abandonaron lentamente los escombros en los que se habían refugiado durante la noche, recogiendo trapos y pertenencias y alejándose de ese lugar.

- ¡Trae algo la próxima vez! - Recomendó una anciana, cuya voz ronca y seria dirigida a Cristine la devolvió a la realidad.

Manteniendo cierta distancia, siguió a los pobres que salían de aquellas afueras, dirigiéndose hacia las calles más transitadas, donde, extendiendo las manos, pedían pan y piedad ajena.

Cristine deambuló por calles y senderos, sin el coraje de pedir, permitiendo que sus pensamientos oscuros y su dolor la alimentaran en ese triste día. Envuelta en el abrigo gastado que le había regalado Grazia, tiritando de frío, pensó que ya no le quedaba nada.

Recordó los días felices con Julian y, como en un sueño, se vio transportada al pasado.

Parecía sentir sus caricias y besos, el calor de sus abrazos y su voz susurrándole dulces palabras. Lágrimas amargas insistían en lavar sus mejillas desesperadas, mientras los pasos vacilantes se sucedían sin cesar, llevándola al agotamiento. No quería, no podía parar. Continuó así durante todo el día.

A veces le parecía oír a su padre llamándola. Su voz transmitía fuerza y coraje, pero antes que pudiera reaccionar ante el deprimente desaliento, sintonizó las vibraciones del verdugo, que la seguía de cerca.

Al anochecer, cuando el frío parecía insoportable y la niebla ya llegaba anunciando que la noche sería aun más fría, la joven vio el río. Caminó lentamente hacia él y vio el puente que lo cruzaba, con una estructura sólida, desafiando la corriente de las aguas humeantes.

Temblando, Cristine cruzó el puente. Se detuvo en el centro y, mirando hacia abajo, miró las aguas agitadas, que parecían chocar, formando las olas y corrientes de aquel río caudaloso, cuyo murmullo le recordaba una canción, su favorita. Susurrando la vieja canción, dejó escapar las lágrimas desenfrenadas. Nada más podría traerlo de regreso. Se sentía muerta, un fantasma vagando a campo abierto sin era ni fronteras ni nadie.

De pie en el puente, sintiendo el viento frío sacudirla, pensó que esa noche no regresaría a aquellas ruinas donde había pasado la noche anterior en compañía de los infortunados mendigos.

Caliel imprimió la imagen de Julian en sus pensamientos enfermizos, capturada inmediatamente, renovando su angustia.

- ¡Julian! - Susurró, abriendo los labios.

Mientras la afectaban emociones encontradas, Cristine pensó en lo triste que es tener el amor explotando en su pecho en llagas. El amor, sentimiento puro y noble, que emerge de cada fibra del alma, iluminado con todo cariño por el corazón, siendo así negado... Qué triste es el amor no correspondido, qué grande es el dolor del desprecio, qué amarga es la soledad...... Ya no podía vivir de recuerdos, alimentando la llama apagada de la vida a costa de recuerdos de días felices. Mil veces revivió los momentos felices con Julian, sus besos, abrazos, caricias; Revivió mil veces su sonrisa, su mirada apasionada; mil veces volvió a escuchar sus dulces palabras susurradas; otras mil veces se preguntó por qué terminó todo... Ese puñal clavado en su corazón y ese dolor agudo que lo acompañaba... Como si las miradas frías, las palabras duras y la ausencia cada vez mayor, incluso el adiós, no fueran suficientes..

El dolor y el anhelo eran tan fuertes que Cristine ya no pudo soportarlo. Lucharía contra el frío y el hambre, enfrentaría incluso la miseria, pero no la ausencia de quien se había vuelto más grande que ella misma. Y aun sin poder comprender la intensidad de ese sentimiento, se dejó consumir por el dolor de ese amor no correspondido, ese amor que nació tan fuerte dentro de su pecho para implosionar en su alma amargada. Se sentía muerta y nada más importaba.[7]

Luego se dejó caer del puente, sintiendo el frío y el viento aun más fuerte. Anhelaba la muerte, pensando que podría encontrar en sus brazos el fin de todas sus desgracias. En esos pocos segundos en los que su cuerpo se lanzaba por el aire, le pareció escuchar a su madre llamándola y luego a su padre. Confundida, mientras el vértigo de la caída precedía a la enorme frialdad de las aguas que la envolvían en sus brazos siniestro, Cristine deseaba poder encontrar a su querida madre y a su difunto padre. Se vio de nuevo como una niña, de unos cuatro años, sentada en un cómodo sillón, en la gran sala calentada por la chimenea encendida. Recordó el vestidito de lana a cuadros en tonos marrones, el enorme cuello redondo y los zapatitos del mismo color. En su dulce inocencia jugaba con uno de sus piececitos, descalza, mientras su

---

[7] (...) el sufrimiento, cuando se soporta heroicamente, dominado por la voluntad soberana de vencer, es como una esponja mágica que borra de la conciencia culpable el carácter infame, a menudo de un pasado criminal, en etapas terrenas anteriores." *Memorias de un Suicida* - Yvonne A. Pereira - pág.132.

amorosa madre se acercaba calzándose y tarareando. Cristine luchaba, asfixiándose bajo el tirón de la corriente que llevaba su cuerpo a las profundidades, mientras todos los recuerdos de su existencia pasaban por sus pensamientos. Le faltaba aire y el agua que penetraba por sus fosas nasales y boca inundaba sus pulmones, extinguiendo su vida de forma grotesca y cruel. Luego de angustiosos minutos, el silencio se apoderó de todo su ser.

El suicidio de Cristine T. tuvo lugar aquel invierno de 1515.[8]

Cristine había sido una hija muy querida, había recibido una esmerada educación y había vivido hasta su juventud rodeada de todas las comodidades materiales. Sin embargo, no había sabido valorar todos los beneficios que le ofrecía la Providencia, dejando que todo sirviera solo para alimentar su orgullo. No pudo comprender las lecciones que la vida le enseñó en forma de desgracias, ni siquiera en beneficio de su propio crecimiento como espíritu ascendente. Se quedó ciega ante el deseo de poseer el objeto codiciado, su marido. Y a ese sentimiento lo llamó amor, olvidando que el verdadero amor es compasivo y generoso.

Si tan solo hubiera elevado su pensamiento al Padre, por un solo momento, en una simple oración, abriendo su corazón atormentado... y hubiera recibido fuerzas para soportar el dolor, pudiendo vislumbrar algún recurso para soportar las atroces

---

[8] "(...) despreciando el ser divino que palpita en él, que es él mismo, su espíritu inmortal, descendiente del Todopoderoso, se entrega voluntariamente a la condenación del dolor, deslizándose entre los siniestros desvíos de la animalidad y quizás del crimen, lo que arrastrará necesariamente la lógica de las reparaciones, de las renovaciones y de las experiencias dolorosas hacia los testimonios de la reencarnación, cuando el camino de la ascensión sería más suave si se meditara con prudencia, buscando investigar el propio origen y el futuro que nos corresponde realizar." *Memorias de un Suicida* – Yvonne A. Pereira – p. 127.

dificultades.⁹ Decidió suicidarse, pensando que así acabaría con su sufrimiento, antes de luchar y afrontar las vicisitudes que forman parte de la vida misma.

Trayendo las deudas que había contraído por su pasado culpable, atrajo la presencia de aquel a quien había dañado tan gravemente con su descuido irreflexivo e intrascendente. La ausencia de valores morales la hizo susceptible a la intervención del odio, haciéndola seguir los duros caminos del sufrimiento que luego la llevarían a saldar sus deudas ante su conciencia culpable y las leyes universales.

Pero a pesar de todos sus sufrimientos, aunque se comprometió cada vez más en faltas graves, siguió el camino elegido hacia la perfección. Ella no estaba indefensa y recibía constantemente el destello de luz de los ángeles celestiales que la llamaban, proyectaban sus oscuros pensamientos y le extendían manos generosas. Todo lo que tenía que hacer era buscar, preguntar y sería rescatada de la oscuridad de la ignorancia en la que se encontraba. Todavía le tomaría algún tiempo darse cuenta de esto.

---

⁹ ...) ¡Marchad, marchad, por los senderos de la oración, y oiréis la voz de los Ángeles! (...) ¡Dulces voces, perfumes embriagadores, que el alma oye y aspira, cuando se lanza, a través de la oración, a estas esferas desconocidas y habitadas! (...) También vosotros, como Cristo, orad llevando vuestra cruz al Gólgota, a vuestro Calvario." *El Evangelio según el Espiritismo* - Capítulo XXVII - 23.

6 Ayuda tardía

En el año 1512, Dalton T. falleció, dejando todos sus bienes, propiedades, riqueza e influencia a su único hijo. Irving T. tenía 46 años en ese momento. Él fue un buen hombre. Diferente a su padre y, quizás, incluso irónicamente, muy parecido a su tío Warren; Además del parecido físico, la mirada lúcida y transparente, le recordaba mucho por su personalidad introspectiva y sensibilidad. A lo largo de su vida supo cautivar muchos afectos, empezando por su propio padre, por quien tenía un gran respeto y estima.

Irving T. se había casado, tenía un par de hijos que, ya adultos y también casados, le dieron nietos. Era una familia hermosa, que vivía según los estándares y costumbres de la época, rica y respetada.

A pesar de haber estado velando por los intereses de la familia durante mucho tiempo, no fue hasta la muerte de su padre que el sobrino de Warren pudo tomar conciencia de la verdadera posición económica que había heredado. Le sorprendió la cantidad de propiedades. Dalton T. había logrado duplicar la herencia dejada por su padre, el conde Wallace T., garantizando un futuro pacífico a sus descendientes.

Entre muchos papeles que examinó cuidadosamente, Irving encontró una carta que lo impresionó mucho. Se trataba de una carta escrita por su tío Warren, con motivo del nacimiento de su hija, fechada en 1485. En dicha carta aparecía entre líneas toda la felicidad de aquel momento y la intención de renovar las relaciones con la familia era evidente. Ciertamente su padre no se había dado cuenta y muy probablemente ni siquiera había respondido a la carta, continuando ignorando por completo a ese hermano. Por otra parte, el simple hecho que guardara la carta entre todos aquellos papeles importantes demostraba que nunca había podido olvidar por completo a sus parientes consanguíneos, como se esforzaba en demostrar en sus actitudes. Irving decidió buscarlos, conocerlos, reconectar los lazos impetuosamente rotos en un pasado ya lejano. Recordaba vagamente la visita de su tío y la discusión entre los hermanos. Tenía entonces 18 años, y hoy se sentía en deuda con aquellas personas que tendrían derecho a buena parte de la fortuna que poseía. Solo a él le correspondía hacer justicia, o mejor dicho, corregir un error que el temperamento autoritario e inoportuno de su padre había provocado, por diferencia de valores. Así era Irving: justo, amable, solidario.

Con gran discreción, dispuso la localización de familiares lejanos. Nombró a un amigo de su entera confianza, quien solía brindarle diversos favores y servicios, pidiéndole que se dirigiera personalmente a la dirección indicada en la carta. Antes de buscarlos, quería conocer en detalle la situación de esas personas.

Wesley era el nombre del hombre de confianza de Irving. Ya le había dado pruebas de su carácter inmaculado y de su sincera amistad en muchas ocasiones y esta vez no sería diferente. Así que, tras conocer los hechos necesarios, y armado con una buena cantidad de dinero, se dispuso a localizar a los descendientes de Wallace T., dejando al hijo de Dalton con la esperanza de poder estrechar lazos con los familiares que habían estado ausentes durante tanto tiempo.

La situación encontrada; sin embargo, no fue la que esperaba Wesley, quien rápidamente informó a Irving sobre los hechos planteados. Había conocido fácilmente, como mucha gente sabía, el destino de la pobre Cristine T. Con la muerte de sus padres, la joven, casada con un hombre sin principios, jugador y aventurero, se había encontrado en una situación difícil, viéndose obligada a deshacerse de su familia, el hogar donde nació y creció, para pagar las deudas de su marido. Se mudaron de allí. Eso fue todo.

Preocupado por este resultado inusual, Irving haría todo lo posible por localizar a su prima y hacer todo lo que pudiera por ella.

Así, Wesley estaba investigando el rumbo que tomó la pareja tras mudarse de la ciudad donde su tío Warren se había instalado y vivido hasta sus últimos días. Inmediatamente buscó a Lord Harold S., ya que supo que el marido de Cristine era su sobrino. Fue encontrarlo entre la vida y la muerte, agonizando. Los familiares desconocían el destino de Julian después de su matrimonio. Llegó a saber que no había ninguna relación entre los dos, pero tal revelación no le sirvió de nada en ese momento.

En medio de información falsa y todo tipo de especulaciones, el amigo de confianza de Irving siguió el rastro de Cristine y Julian. Después de 3 largos años de búsqueda, algo más sólido llamó su atención, indicando que finalmente había llegado al final de su búsqueda.

Era una gran ciudad y, gracias a buenos bonos, Wesley finalmente logró localizar a Julian M. viviendo en las afueras, acompañado de una joven llamada Xênia.

Cuidado, el amigo de Irving intentó conocer al ex marido de Cristine. Con discreción comenzó a seguir sus pasos hasta que finalmente surgió la oportunidad de acercarse a él. Ese día no tardó en llegar y ocurrió en una taberna. Sin mostrar sus verdaderas intenciones y utilizando toda su perspicacia, Wesley bebió y comió junto a Julian, ganándose su confianza. Y cuando el vino ya le había "soltado la lengua", introdujo las preguntas y obtuvo las respuestas deseadas.

Se enteró por el propio Julian que recientemente había abandonado a su esposa. Su destino fue ignorado y no le interesó hablar del tema, dando por finalizada la conversación. En ese momento, Grazia, la misma que había ayudado a Cristine esa fatídica noche, entró apresuradamente en la taberna, vestida con el abrigo que se negoció a cambio de la comida ofrecida a la debilitada dama. En un instante de su memoria, Julian, al notar el abrigo familiar, hizo un breve comentario, más para sí mismo, que no pasó desapercibido para Wesley.

El amigo de confianza de Irving buscó entonces a Grazia y, ofreciéndole una buena bonificación, se enteró de la estancia de la abatida señora en la taberna hacía unos meses. Cambió su abrigo por la comida vigorizante y luego se fue. Nunca más la habían vuelto a ver allí.

Sin encontrar más pistas que le llevaran hasta Cristine, Wesley fue a encontrarse con Irving, informándole de todo lo que había descubierto.

Irving, intrigado por la desaparición de su prima, decidió seguir haciendo esfuerzos para descubrir el desenlace de aquella insólita historia. Julian no sospechaba nada. Su vida continuó, como siempre, una eterna aventura, llena de nuevas emociones. Al dejar a Cristine, a pesar de sentirse avergonzado por las circunstancias, inmediatamente intentó involucrarse en otras preocupaciones y dejar en manos del destino la suerte de su esposa, a quien no podía mantener.

En compañía de Xênia, la joven que le interesaba desde hacía tiempo, intentó darle un nuevo rumbo a su convulsa vida. A diferencia de Cristine, ella era vulgar y extrovertida. De estatura regular, cuerpo esbelto, cabello castaño rojizo, ojos oscuros y muy astuta, supo sobrevivir a sus expensas.

Xênia era feliz, expansiva, exuberante y la convivencia con ella era placentera y agradable. Sin pensar en el pasado ni siquiera imaginar el destino de Cristine, Julian pronto comenzó una nueva etapa en su vida.

7 El suicidio

"¿Tiene el hombre derecho a disponer de su propia vida? - No, solo Dios tiene ese derecho.

El suicidio voluntario es una transgresión de esta ley." *El Libro de los Espíritus* - 944.

Después del triste episodio en el que Cristine acabó con su propia vida, escapando de la desesperación en la que se encontraba, permaneció durante mucho tiempo en un terrible estado de letargo. La muerte abrupta la hizo perder por completo la conciencia de la realidad. Poco a poco fue volviendo a la razón y apropiándose de su triste situación. De esta manera se sintió caer un sinfín de veces y ser envuelta por las aguas que la asfixiaban. Luchó angustiada solo para sentir la sensación de caer de nuevo.

Su cuerpo fue encontrado en el río, en avanzado estado de descomposición. No pudo ser identificado. Además, como nadie notó su ausencia, fue considerada indigente y sepultada como tal. El espíritu atribulado; sin embargo, adherido a aquel que le había servido de vestidura sagrada, permaneció en un gran estado de perturbación.

Acompañándola, Caliel se mantuvo inflexible ante los siniestros planes que había acariciado durante tanto tiempo. La venganza aun no se había consumado y se acercaba el momento en que la conciencia culpable de Cristine la llevaría a la perturbación y la locura.

El terrible trauma sufrido por la suicida trajo consecuencias devastadoras: solo su cuerpo físico pereció ante una muerte súbita y violenta. El vínculo que lo unía al espíritu continuó con la misma plenitud y fuerza. De esta manera, las dolorosas impresiones de la materia en descomposición la alcanzaron sin piedad.

¡La ayuda tardó tan poco en llegar! Solo unos meses más y encontrarían al primo a quien Irving ciertamente apoyaría con todo el afecto que le era peculiar. Unos meses donde Cristine deberá buscar consuelo para sus decepciones y amarguras con su Padre Celestial. Un tiempo suficiente para aceptar con humildad los reveses del destino y ayudar a aquellas personas que, además de la miseria, sufrieron las limitaciones de las enfermedades y la vejez. Aquellos harapientos podrían, a través de sus manos, recibir algún cuidado, a través de sus palabras recibir algún consuelo y de su corazón, aunque también sufriendo, recibir el amor que los haría menos miserables.

Seguramente perdería una gran oportunidad de crecimiento, porque el sufrimiento no representa más que una oportunidad para que el espíritu se eleve por encima del pequeño y limitado significado del dolor. A elevare por encima de las vicisitudes de la vida material y proyectarse al ilimitado mundo inmaterial, auténtica y verdadera patria espiritual, deslumbradora de luces y sonidos diáfanos, donde las melodías de los ángeles nos consuelan y la visión del infinito nos suaviza.

Pero a pesar de todo, esto no sería el final para Cristine. Muchas otras nuevas oportunidades se le brindarán y un día, cuando esté lista, podrá unirse a las innumerables filas de quienes deciden el camino de la luz y del progreso, rescatando las faltas, aceptando las pruebas con valentía y determinación por bien.

El largo período de disturbios persistió. Sin embargo, cierta noción de su triste estado fue revelando lentamente el espeso velo de angustia e inconsciencia. Cristine se sintió viva, confinada en un lugar estrecho y asfixiante, notando la avanzada descomposición de su cuerpo físico. La desesperación aumentó al recordar el último momento, donde se arrojó a los brazos de la muerte. Ella se ahogó, siendo tragada por las gélidas aguas del río. Entonces, ¿por qué seguía viva? ¿Dónde estaría? ¿Qué cuerpo se estaba pudriendo a su lado? ¿Por qué no podía salir de ese fétido lugar?

La pobre mujer estuvo mucho tiempo entre la inconsciencia y la desesperación. No pudo registrar la presencia del equipo de rescate que se acercó a ese lugar, llevando ayuda a todos los que estaban preparados para recibirla, en el nombre de Jesús. Se sintió sola e impotente. Había olvidado que el Padre no abandona a ninguno de sus hijos. No había sabido cultivar la fe en su corazón, que ahora parecía una tierra yerma e infructuosa. Constantemente sentía la sensación de caer y el vértigo se apoderaba de ella; ella luchaba, asfixiada por las aguas que la llevaban al fondo oscuro del río. Sentía mucho frío. Escuchaba las risas burlonas y los insultos agraviantes. Estaba muy asustada.

Todo era confuso y pensamientos desordenados se sumaban a las sensaciones angustiosas, hasta que con un gran esfuerzo, Cristine logró alejarse de su cuerpo físico y abandonar el lugar donde estaba enterrada. Caminó con dificultad entre las tumbas, indignada. ¿Qué estaría haciendo ahí? Había buscado la muerte y no había muerto. No recordaba cómo se había salvado. La impresión de la caída permaneció viva en su memoria, la asfixia estaba presente para probar que se había ahogado. Sintió mucho frío y sus miembros congelados sufrieron extraños espasmos como si temblaran en el agua tratando de escapar de la profunda y siniestra oscuridad. Inesperadamente, Caliel la sorprendió ante sus ojos. La siniestra figura del verdugo y el terror que provocaba hicieron que Cristine se escabullera entre las tumbas, intentando esconderse de la loca visión.

Caminó en círculos, sin que los pensamientos encontrados pudieran unirse de manera coherente. ¿Qué estaría pasando? ¿Se había vuelto loca? ¿De dónde vino el horrible espectro que había visto? Buscó en los brazos de la muerte escapar del dolor y la soledad, del desprecio y la humillación, ¿y qué encontró? El acto demencial, que le parecía el único recurso plausible para arrancarla de la desesperación, mostró sus aterradoras consecuencias.[10]

Durante mucho tiempo estuvo acercándose a las tumbas, con sus pasos tropezando, sufriendo los espasmos de sus miembros luchando contra la corriente de las aguas que la arrastraban hacia las profundidades, disnea y muy fría. El enorme peso sobre su cabeza lo obligaba a mantenerla baja y parecía beber el agua fría que invadía sus vías respiratorias, las cuales estaban congestionadas desde su nariz y boca hasta sus pulmones. La desagradable sensación de ardor en toda esta región le provocaba, además de una extrema angustia, un terrible, constante y creciente dolor punzante.

La sacudían constantemente ataques de tos, donde sus pulmones expulsaban, a chorros, una especie de líquido sanguinolento y fétido, que le provocaba náuseas. Y por mucho que lo intentara, estaba lejos de comprender la perturbación posterior al destino aterrador que ella misma había buscado al extinguir la vida de su cuerpo físico, recipiente sagrado del espíritu inmortal. Caliel se divertía con el sufrimiento de la infortunada mujer, apareciendo de vez en cuando en el camino, causándole un terrible pánico.

Con gran dificultad, Cristine, entre sobresaltos y perturbaciones, empezó a recordar algunos hechos que precedieron

---

[10] "Como veis, destruisteis el cuerpo material, propio de la condición de espíritu reencarnado en la Tierra, el único que obstinadamente reconocéis como norma absoluta de vida. Sin embargo, ni desaparecisteis, como queréis, ni os liberasteis de lo desagradable que te hizo desesperar. ¡Vives! ¡Vives aun! ¡Vivirás siempre! Vivirás a lo largo de la consumación de los tiempos una vida que es inmortal, que nunca, nunca se extinguirá dentro de tu ser, sin dejar nunca de proyectarse sobre ti. ¡tu conciencia el impulso irresistible hacia adelante, hacia el más allá...!"
Memorias de un Suicida - Yvonne A. Pereira - p. 127.

al fatídico momento del suicidio. El viejo cobertizo en ruinas apareció en su mente enferma y el recuerdo del fuego encendido le hizo desear poder estar entre los indigentes, calentándose. Sintió tanto frío... Al momento siguiente, Cristine vio el fuego crepitar y el grupo de mendigos a su alrededor. Estaba tan cerca, ¿cómo no lo había visto antes? Con dificultad caminó en esa dirección, y como había sucedido la primera vez, nadie se molestó por su presencia. Se acomodó en silencio y se quedó dormida. No se dio cuenta que estaba siendo acompañada por una entidad espiritual, que le transmitía energías calmantes. Permaneció a su lado, serena y tranquilamente, mientras le transmitían rayos de luces claras y delicadas. A Caliel se le impidió acercarse.

Aun amanecía cuando Cristine despertó atormentada por la sensación de ahogarse. No podía respirar, me estaba asfixiando. Volvió a sentir ese terrible frío. Se sentó con dificultad y lloró desesperadamente. Alzando la vista, dejó que las lágrimas corrieran por su rostro transfigurado de dolor y se acordó de Dios. Aunque nunca había cultivado la fe en este Dios, en ese momento, rodeada por el Mensajero de la Luz, pidió ayuda al Padre:

- Dios... si estás en este cielo entre las estrellas, si puedes oírme, envía uno de tus ángeles para que me ayude...

Mientras pronunciaba conmovida estas palabras dirigidas al Padre, el espíritu amigo la envolvió en las más puras vibraciones de paz que llegaban de lo Alto en respuesta a su petición. Entonces él se hizo visible y le secó las lágrimas, diciendo:

- Dios no abandona a ninguno de sus hijos. A pesar de haber transgredido la más sagrada de todas las Leyes Divinas, la Ley de la Vida, todavía estás siendo apoyada. No te desanimes. Levanta la cabeza y avanza, lamentando que no confiaste en el Padre, que no comprendiste las lecciones de dolor que la vida te ofreció, que no esperaste la ayuda que no tardaría en llegar. ¡Fe, resignación, confianza! Estas son las preciosas lecciones que no supiste poner en práctica, que no supiste cultivar en tu alma aun frágil. Levanta la cabeza y haz ahora para merecer la nueva oportunidad que se te brinda. Llora. Deja que las lágrimas alivien tu conciencia culpable por el nefasto crimen que cometiste contra ti misma. Deja que las lágrimas del remordimiento laven tu alma comprometida con las leyes universales, pero no te rebeles, y acortarás los momentos más difíciles que aun te quedan por vivir. Y aunque te sientas sola, siempre habrá luz a tu lado. Que sepas buscarla en todo momento.[11]

Cristine lloró emocionada. Se sentía de nuevo una niña, apoyada, protegida y amada. Y este amor fue tan intenso, pleno y radiante, que le dio el valor de asumir todas las consecuencias del acto cobarde que había cometido contra sí misma, aunque no creía haber muerto. Se sintió viva y sufrió.

Los primeros rayos de Sol se mezclaron con las luces diáfanas del amigable espíritu, antes que su visión se desvaneciera ante Cristine. Mirando a su alrededor observó, como antes, al grupo de andrajosos levantándose y alejándose lentamente de aquel lugar, silenciosos y resignados a la miseria que los azotaba. Afectada por nuevos ataques de disnea y espasmos musculares, quedó tirada en el suelo, envuelta por todo su dolor.

He aquí Caliel, logrando acercarse, se le apareció amenazador:

- ¿Estás llorando, maldita? ¿Sufres? Pues debes saber que toda tu desgracia no es nada comparada con el sufrimiento que me causaste.

---

[11] "Pero... hay algo así como una fatalidad que se puede extraer del mismo acto de suicidio, contra sus atribulados prisioneros, que les impide ser ayudados con la prontitud que se esperaría de la Caridad propia de los trabajadores de la Fraternidad: - ¡Es el no si se encuentran radicalmente desconectados de los vínculos que los unen a la envoltura carnal; es decir, si permanecen semi encarnados o semi desencarnados, como tú quieras!" - *Memorias de un Suicida* - Yvonne A. Pereira - p. 210.

Indignada, la pobre mujer no podía imaginar quién era aquel hombre cuyos rasgos la impresionaban tanto, inspirándole un inmenso miedo. A pesar de sus esfuerzos, no pudo pronunciar una sola palabra. Ella se encogió de miedo, mientras el verdugo le decía palabras groseras y sarcásticas. En medio de los insultos, habló de Julian:

- ¿Tienes miedo? ¿Dónde está la pareja que no te ayuda?¡Lo dejaste todo por él y dos veces el infortunado te abandonó!

Mientras continuaba con los insultos, movilizó recuerdos de una existencia anterior en el espíritu atribulado de Cristine. Con un sobresalto, la tomó en sus brazos, envolviéndola en un gran letargo. Cuando volvió en sí, el verdugo permaneció a su lado y bruscamente la hizo levantarse. Atónita, Cristine se paró frente a Julian. Su corazón se aceleró y su respiración se volvió más dificultosa, sus manos húmedas de emoción. Caliel la hizo acercarse a su ex marido, mientras los espasmos musculares la castigaban duramente. Ella lloró, temió y se regocijó al mismo tiempo, mientras las manos del siniestro apretaban su brazo con fuerza mientras la conducía. De repente, alguien entró sin darse cuenta.

Fue Xênia quien, envolviendo a Julian en un abrazo cariñoso, le habló y ambos intercambiaron opiniones sobre algo que Cristine no pudo escuchar ante tanta perplejidad. Ella quiso alejarse cuando se dio cuenta de la triste realidad, pero Caliel la abrazó con firmeza. Con ojos llorosos observaron a Julian y a esa niña, tan joven, tan hermosa, abrazándolo, y juntos sonreían y hablaban relajadamente. Se sentía como la última de las criaturas, la más miserable e infeliz. El malestar le trajo una vez más la desagradable sensación de la caída interminable sin llegar; sin embargo, a las frías aguas del río, y sentir el abrazo de la muerte. Parecía caer en sí misma y el vértigo tomó la forma de abandono y desamor. Qué triste le pareció no ser correspondida en ese intenso sentimiento.

Julian no la amaba y la verdad desnuda parecía implacable y cruel ante sus ojos llorosos y su corazón constreñido por el dolor.[12]

Caliel, triunfante, finalmente logró ejecutar su siniestro plan de venganza. Cristine sufrió ante la traición, tal como él mismo habría sufrido desesperadamente en el pasado. Satisfecho, el villano rio, rio siniestramente, mirándola y luego liberándola de sus manos que la mantenían atrapada frente a Julian y Xênia.

Alejándose lentamente, acurrucada en un rincón, Cristine no podía apartar los ojos de su torturador. ¿Quién era ese hombre alto, de ojos tan duros, labios finos, rasgos brutales, rodeado de una niebla oscura? ¿Dónde lo habría visto?

Caliel, caminando por la habitación, la miró enigmáticamente:

- ¿Decepcionada, Glenda? Pero al fin y al cabo ¿qué esperabas?
¿Encontrarlo vestido de luto por tu culpa?

Cristine se encogió aun más. El extraño le había hablado sobre el duelo... entonces, ¿estaba realmente muerta? Pero se sentía viva... ¡y sufriendo! ¿Por qué la llamaba Glenda? Ese nombre se repitió en su mente, mientras el verdugo continuaba:

- ¿No te acuerdas de mí? Soy Caliel - le dijo en tono irónico, antes de continuar con sarcasmo.

La pobre mujer permanecía inmóvil y silenciosa, mientras la sacudían severos ataques de disnea. Mil preguntas llenaron su mente enferma. ¿Quién era ese hombre llamado Caliel? ¿Qué

---

[12] "Como ves, destruiste el cuerpo material, propio de la condición del espíritu reencarnado en la Tierra, el único que obstinadamente reconoces como norma absoluta de vida. Sin embargo, ni desapareciste, como deseable, ni te liberaste del desagradable que te hizo desesperar." *Memorias de un Suicida* - Yvonne A. Pereira - p. 127.

quería de ella? ¿Por qué la llamó Glenda? Sus pensamientos hervían mientras el verdugo continuaba:

- Kevin es el mismo sinvergüenza de siempre. ¿Hasta cuándo cerrarás los ojos a la verdad? ¡Él te usó, te robó! ¿Quieres pruebas?

El espíritu, acercándose a Julian, lo envolvió en sus vibraciones y, mirando fijamente a Cristine, le susurró:

- Quiero que te acuerdes de Cristine. Habla de ella. Inmediatamente, Julian, cambiando de semblante, habló a Xênia:

- Qué curioso, de repente me acordé de Cristine...

- ¿La extrañas? - Preguntó la joven en tono irónico.

- No, no lo sabes - respondió, mientras Caliel le traía algunos recuerdos y lo animaba a seguir hablando -. A veces me siento avergonzado por haber hecho todo lo que le hice.

- ¿De qué estás hablando, querido? - Continuó Xênia.

- De hecho, lo siento por Cristine. La infortunada mujer me amaba, creía en mí, tan ingenua... Era tan fácil conseguir lo que quería... Quizás por eso fue un gran alivio haberla dejado. Fue demasiado tonta, haciéndome sentir peor de lo que soy.

- ¿Qué crees que le pasó? – Quiso saber la amante.

- No lo sé, pero era mejor así. Quién sabe, tal vez fue bueno para ella pasar por todo esto...

Caliel, satisfecho, se alejó de la pareja y, volviéndose hacia Cristine, le tendió los brazos. Incrédula ante lo que había oído, recordó al espíritu rodeado de luz, enviado por Dios la noche anterior, recomendándole huir de la revuelta. Debes tener fe y confianza en Dios. Al mismo tiempo, las palabras de Julian cayeron en su alma como hiel. ¡Eso no podría haber sido bueno para ella! Jamás imaginaría tanto dolor y sufrimiento.

Con mirada enigmática, el espíritu recorrió la habitación y le mostró objetos, ropas y joyas que le pertenecían. Cristine lloró. Su dolor creció al reconocer allí sus pertenencias, habiendo sido traídas por Julian y entregadas a esa mujer. Los pendientes de su madre, el anillo que le había regalado su padre, una graciosa alfombra que adornaba su aposento matrimonial... Le fue imposible controlar su indignación, que se transformó en rebelión. Cristine se dio cuenta de lo mucho que la había engañado aquel hombre vil, falso y traidor.

Sus pensamientos eran un caos, mientras el pasado resurgió, atormentándola aun más. Los recuerdos despertaron rápidamente y Cristine se vio en otro cuerpo, bella, rubia, piel clara, ojos lánguidos, labios rojos. Estaba al lado de quien se hacía llamar Caliel, pero su apariencia era de inocencia y ternura. Pudo sentir su amor y responder con cierto desprecio. Vio a sus pequeños hijos acercándose a ella mientras ella se liberaba, alejándose del hogar y dirigiéndose hacia el castillo del señor de aquellas tierras. Escabulléndose en la penumbra de los enormes pasillos, entró en los aposentos del duque Kevin L. y la estaba esperando ansiosamente.

Los recuerdos le llegaron intempestivamente, mientras sacudía la cabeza como si no quisiera continuar con esos dolorosos recuerdos. Sin embargo, las imágenes continuaron apareciendo claramente en su pantalla mental, donde se entregó a los brazos de Kevin. Podía sentir el delirio de emociones que los rodeaban, urgentes e incontenidas. Luego, se encontraba de nuevo en la humilde casa al lado de su marido, cuya mirada suplicante la llamaba a las responsabilidades de esposa y madre, sin que ella necesitara decir una sola palabra. En sus ojos se mostraba la angustia que había en su alma, sufriendo amargamente la vil traición.

Cristine no pudo evitar gritar ante la escena que siguió, reviviendo el momento en que Glenda encontró a su marido ahorcado. Colgado de la rama de un árbol cerca de la casa, vio la aterradora visión del cuerpo inerte, en el camino que había tomado para encontrarse con Kevin. La desastrosa imagen empezó a rondar sus noches, con su sueño agitado, y a rondar sus días, sin tregua. Quería huir desesperadamente, en vano. Sollozos desesperados brotaron de su pecho asfixiado y la culpa carcomió las entrañas de su ser.

De repente, en una fracción de segundo, a la luz de un relámpago en un cielo tormentoso, aparece la duquesa y luego es llevada a otras tierras, lejos de su amante, de sus hijos y de ese lugar de sueños y desventuras. Entregada a amos crueles, terminó su existencia en un lamentable estado de miseria debido al exceso de trabajo y la falta de alimentación.

Regresó al presente llorando, mientras Caliel la sacudía bruscamente. Mirando a su alrededor, reconoció en Julian y Xênia a los duques del pasado maldito. Los odiaba, pensando que era víctima del destino en aquellos tiempos lejanos. Animada por Caliel, se acercó a su ex marido y a su amante. El amor propio herido y la ira despertada en su espíritu alucinado. Había sido traicionada dos veces y este hombre la había hecho perderse, mientras sonreía, enamorada y feliz de esa mujer que odiaba. Su humor cambió y una fuerza extraña se apoderó de ella mientras el verdugo le hablaba:

- Fuiste usada por él como si usaras una alfombra para limpiarse los pies; sufriste, moriste por él. ¡Tonta! ¡Él tiene la culpa de todo!

Cristine se acercó a Julian, envolviéndolo en fuertes emociones de rebelión, y lo vio palidecer. De repente empezó a sudar, su visión se volvió borrosa y le faltaba el aire. Xênia, preocupada, le abanicó la cara, mientras el infortunado sentía que se desmayaba.

- ¡Este es solo el comienzo! - Caliel se rio. Ambos se alejaron. Cristine se dejó llevar por el espíritu vengativo y cruel. El amor imposible que había alimentado durante tantos años la transformó ahora en un verdugo despiadado. El verdadero sentimiento que siempre había alimentado se mostró entonces tal como era: un gran llamamiento egoísta procedente de un corazón orgulloso.

Caliel había tenido éxito en su intento. Al manipular a Cristine, se vengó doblemente. Comenzó una etapa triste para los involucrados en la trágica trama. Caliel y Cristine se alejaron cada vez más de la redención a medida que se comprometían cada vez más con Dios.[13]

---

[13] "(...) la obsesión; es decir, el imperio que algunos espíritus saben apoderarse de determinadas personas, solo se da por espíritus inferiores que buscan dominar." – *El Libro de los Médiums* - 237.

"Los motivos de la obsesión varían según el carácter de los espíritus: a veces es una venganza que ejercen sobre un individuo que tiene de qué quejarse en esta vida o en otra existencia." - *El Libro de los Médiums* - 245.

8 La remisión

El tiempo pasó rápido y el curso de los acontecimientos siguió su curso, según lo determinó cada personaje de esta trama.

Julian sufrió sin descanso el acoso que le imponían Caliel y Cristine. Visiblemente abatido, ya no tenía la misma alegría de antes. El brillo de sus hermosos ojos se había desvanecido y ahora la edad pesaba sobre él. Con poco más de 60 años, con su salud comprometida debido a los problemas respiratorios que padecía, vio pasar la vida ante sus ojos sin haber logrado nada bueno para sí mismo. Hubo tantas estafas, fraudes, desfalcos... Gracias a Xênia recibió apoyo y atención. Él le había sido fiel durante todo el tiempo que estuvieron juntos y Julian le estaba extremadamente agradecido.

Caliel tomó una lenta y progresiva venganza, mientras esperaba la muerte, que no tardaría, del que había sido el duque Kevin L.. Cristine se vio obligada a permanecer influyendo, con su presencia, en el estado de Julian. El espíritu debilitado, por el suicidio bajo control del verdugo, lo torturó mucho, comprometiendo su discernimiento. Confundida entre los recuerdos y la culpa, ya no se reconocía como Cristine. Los rasgos de Glenda se mezclaron con la personalidad asumida en su última existencia. Los pensamientos contradictorios parecían volverla loca. Sin embargo, sin fuerzas para reaccionar, ella permaneció sumisa ante Caliel. De manera inusual, ambos se volvieron solidarios e implacables frente al verdugo del pasado y cómplices del proceso obsesivo y de la transgresión de las Leyes del Amor y del Perdón.[14]

Cristine, olvidando sus propios errores y las desastrosas consecuencias, culpó a Julian de todas las desgracias que le habían sucedido.

Sediento de justicia, Caliel olvidó que solo Dios podía hacer justicia. No esta justicia mezquina y vengativa, sino la justicia universal, amplia e integral donde "a cada uno se le dará según sus obras", permitiendo que la Ley de Causa y Efecto determine la cosecha de cada espíritu ante la Justicia Divina.

El verdugo; sin embargo, a punto de llevar a cabo todo su plan de venganza, no quedó satisfecho. Había logrado someter a su dominio a la que había sido su Glenda, esclavizando su espíritu culpable y perturbado. De esta manera, golpeó fuerte a Julian, quien muy pronto quedaría en manos de un despiadado verdugo. Se sintió victorioso. Finalmente, venganza inolvidable por todos los dolores y tormentos inexpresables. Pero, a pesar de todo, seguía sufriendo, y por mucho que sometiera a Cristine a sus sórdidos caprichos, por mucho que la dominara, seguía sufriendo. Su cuello se sentía aun más tenso, constantemente le faltaba el aire y los recuerdos de la traición lo atormentaban enormemente. De nada sirvió la represalia, la venganza resultó inocua ante el dolor moral que lo agobiaba, intrépido. Más infeliz que nunca, se desesperó. Todavía no podía admitir ante sí mismo que todo fue en vano y que solo el perdón lo liberaría de tanto dolor.

Mientras tanto, Irving, que nunca había olvidado del todo la triste desaparición de su única pariente consanguínea, aunque hacía tiempo que había dejado de buscarla por falta de pistas, aun esperaba encontrar alguna noticia sobre el caso. Después de tanto

---

[14] "(...) Por tanto, la venganza es un indicador seguro de la demora de los hombres que se entregan a ella, y de los espíritus que aun pueden inspirarla." *El Evangelio según el Espiritismo* - Cap. XII – 9.

tiempo, decidió acudir a Julian, cuyos pasos había seguido desde las primeras investigaciones. Había indicios que el marido podría haber sido responsable de la desaparición de Cristine; pero sin haber encontrado ninguna prueba, temeroso de cometer una injusticia, Irving no tomó ninguna medida. Simplemente permaneció atento a cada uno de sus pasos. Sin embargo, nunca pudo saber si sus sospechas estaban fundadas. Ahora, algo le sugirió fuertemente que debía buscar a ese hombre, antes de cerrar definitivamente el asunto.

Las manos misericordiosas de Dios, a través de sus Mensajeros de Luz y Amor, guiaron a Irving para que se produjera un desenlace satisfactorio y las tres almas involucradas en la trama de odio y venganza pudieran vislumbrar el amanecer de un futuro radiante, de perdón y de un nuevo comienzo. Así, el sobrino del conde Warren llamó a la puerta de Julian, identificándose como primo de Cristine T. Fue recibido por Xênia quien, avergonzada, lo invitó a pasar. Irving quedó fuertemente impresionado por el estado debilitado de Julian, además de entristecerse por la evidente falta total de recursos.

El ex marido de Cristine empezó a ponerse de pie frente a Irving, pero lo detuvieron suavemente. Se miraron significativamente antes que Xênia rompiera el silencio, disculpándose por la falta de condiciones para recibirlo adecuadamente. Mientras en los siguientes momentos los tres encarnados intercambiaban algunas frases convencionales, invisibles a los ojos humanos, Cristine y Caliel se sintieron perturbados por la luz suave, clara y brillante que rodeaba a aquel extraño que se encontraba al borde de la cama donde descansaba Julian, respirando con dificultad. Irving, dirigiéndose respetuosamente al paciente, utilizando su habitual franqueza y amabilidad, aclaró el motivo de su llegada:

- Desde el día que supe de la existencia de Cristine, he estado haciendo esfuerzos por encontrarla o incluso enterarme de alguna noticia, por pequeña que sea, sobre ella. Desafortunadamente, no tuve ningún éxito. Después de ser abandonada, debió estar en una taberna, donde cambió su abrigo por comida. No podemos estar seguros que ella realmente fuera esa mujer. Y si así fuera, la pobre debía estar muy necesitada. No pude descubrir nada más. Ni aquí, ni en esta ciudad, ni en ningún otro lugar posible o probable. Ella simplemente desapareció. Murió, tal vez. No pude cumplir mi sueño de conocer a mi única prima, la hija de mi tío Warren. Te abro mi corazón en este momento y te pido humildemente, si puedes, que me digas algo que alivie mi angustia de incertidumbre... Tienes mi palabra que no haré nada, aunque...

Emocionado, Irving guardó silencio. El silencio que siguió pareció interminable, y todos buscaban las palabras adecuadas para continuar. Cristine; sin embargo, pareciendo recuperar fuerzas, se acercó al visitante, con los ojos muy abiertos, asombrada por lo que acababa de oír. ¿Ese amable y digno caballero era su primo? ¿Cómo puede ser? ¿Nunca se supo de su existencia? Dijo que la había estado buscando todos esos años, que se preocupaba por ella, que quería ayudarla. Recordó su desesperación por haber sido abandonada por Julian... Pensó que estaba sola en el mundo, sin poder contar con nadie más... Podría haber esperado un poco más... Tal vez se habría apresurado. Que triste fue ver todo esto ahora, cuando ya no podía hacer nada. Podría haber conocido a su primo, aceptar su ayuda y quizás incluso rehacer su vida.[15]

---

[15] "En varios casos, la solución a los problemas, que abrían las puertas al abismo, estaba a dos pasos del que la padecía; la ayuda enviada por la Providencia a su amado hijo llegaría al cabo de unos días, de unos meses, ¡Bastaba que se le animara a esperar un breve tiempo, en glorioso testimonio de voluntad, paciencia y valentía moral, necesarios para su progreso espiritual! Luego concluimos con una sorpresa decepcionante lo fácil que hubiera sido la victoria e incluso la felicidad, si hubiéramos buscado en el Amor Divino la inspiración para los dictados de la existencia

Julian la sacó de sus pensamientos. Conmovido por lo que acababa de oír, continuó diciendo:

- No sé nada que tú no sepas ya. Hoy, a las puertas de la muerte, me arrepiento de haber abandonado así a Cristine. Todavía me arrepiento de haberla engañado durante tanto tiempo.

No era digno de su amor. Era joven y llena de vida. Me entregó su corazón y su alma sin reservas y solo hoy puedo apreciar el significado y la grandeza de ese sentimiento. En nombre de ese amor ella se entregó a mí, me dio los bienes, las riquezas, la confianza, que nunca merecí. Mi actitud al dejarla cuando ya no quedaba nada, con la despensa vacía, el alquiler adeudado y la desesperación a su alrededor, fue abominable. Aunque no me siento digno, te pediría perdón si pudiera... Moriré cargando el remordimiento de haber sido tan despreciable, un gusano, pero te juro que no hice nada más. No la maté, ni planeé su muerte ni su desaparición. Me fui dejándola desesperada, aliviado de haberme liberado de la carga, y hoy, por ironía del destino, dejaré esta vida cargando en mi pecho una desesperación aun mayor que la que le causé. Perdóneme si puede, señor, en nombre de Cristine...

Cuando terminó, incapaz de contener más las lágrimas, dejó que las lágrimas aliviaran su dolor. Xênia permaneció a su lado, compartiendo su dolor. Irving, conmovido, meditó sobre la sorprendente revelación, mientras manos diáfanas esparcían luz sobre todos.

Profundamente impresionada por las palabras que acababa de escuchar, Cristine también lloraba. Se acercó a la cama donde yacía Julian y se arrodilló a su lado. De repente, se dio cuenta que el mismo amor que siempre había sentido por él seguía vivo, palpitando en su pecho oprimido. Ella seguía sufriendo por no haber sido amada, sabía que ese sentimiento nunca había sido

---

que desgraciadamente hemos destruido." *Memorias de un Suicida* – Yvonne A. Pereira.

correspondido y aun lo amaba. El amor y el odio se mezclaron, dejándola atónita. También reconoció que su desgracia no la provocó enteramente Julian y que ella misma también tenía gran parte de culpa. Su orgullo no le permitía ver la verdad porque no podía concebir la realidad del desprecio y el desamor.

De pie, Caliel fue contenido por la espiritualidad mayor, que lo envolvió en los mismos sentimientos que tocaban los corazones de los demás, y sin que él pudiera comprender, también sintió desvanecerse su odio y deseo de venganza.

El ambiente se saturó de intensas luces, emanadas de las oraciones dirigidas al Maestro del Amor, pronunciadas por el equipo espiritual presente. Para Cristine, Julian y Caliel surgió la oportunidad de la remisión y cada uno examinó sus propias faltas.

En ese momento, el espíritu del conde Warren T. se hizo presente para recibir en sus brazos el espíritu de su hija como un padre amoroso y extremo, después de tantos años de anhelo. Se abrazaron tiernamente. Cristine apenas podía soportar tantas emociones:

- Papá, casi no puedo creer que estés aquí... Perdóname... qué vergüenza siento por encontrarme en este estado...

- ¡Mi querida hija! ¡No te imaginas cuánto he estado esperando este momento! - Respondió el conde con voz ahogada -. ¿Qué estás haciendo aquí? ¿Por qué pasas tanto tiempo reviviendo tanta tristeza? Deja el juicio del compañero infiel a Dios. Vinimos a buscarte, querida; ¿estás preparada para seguir adelante, llevándote tu propia culpa? La venganza es mala compañera... ¡Mira a tu alrededor y verás cuánta luz nos rodea y sugiere perdón! ¡Es la invitación de Jesús a su amnistía, a su clemencia!

- No puedo, Caliel me encarcela, no me dejaría salir...

- "No se perderá ninguna oveja de mi rebaño." Estas son las palabras del Maestro, hija mía.

No te preocupes por Caliel, él también será asistido.

Cristine lloró abrazando a su padre, al no sentirse merecedora de tanto amor. En ese momento se dio cuenta de cuánto había fracasado en su última existencia, donde vivió cada uno de sus días para satisfacer caprichos e inutilidades. En ningún momento pensó en ser útil o ayudar a nadie. Ella era sumamente egoísta y orgullosa, buscaba poseer a Julian, su amor, sus caricias, su presencia, su atención, su aprobación, su sonrisa, su compañía, obstinada en esta relación enfermiza.

- Vamos cariño, vinimos a buscarte. Deja atrás el sufrimiento y el odio – lo invitó dulcemente el conde Warren -. Ven con nosotros.

Cristine se acercó a su ex marido y, vacilante, le acarició la cara con ternura. Las lágrimas corrían por su rostro, en abundancia. Angustiada, miró suplicante a su padre:

- No sé si podré alejarme, papá... A pesar de todo, me siento fuertemente conectada con este hombre, a quien amo y odio con todas las fuerzas de mi alma...

- Eleva tu pensamiento al Padre, pidiéndole fuerzas para poder empezar de nuevo - continuó el conde, entristecido por el conflicto que asolaba el corazón de su hija.

Y, para ayudarla, le pronunció algunas palabras de aliento:

- Señor Dios, te dirigimos nuestro pensamiento suplicante en favor de Cristine. Esta hija tuya necesita fuerza para seguir el camino del amor y del perdón, de la comprensión ante las faltas de sus hermanos, de la benevolencia, de la humildad y del desinterés. Tú, que eres Padre amoroso, lanza tu mirada complaciente en este momento decisivo para ella.

Todo el ambiente se iluminó aun más y la mujer suicida, volviéndose hacia Irving, le besó las manos respetuosamente. Caminando hacia su padre, les dio a Julian y Xênia una última mirada, llena de dolor. Extendió los brazos al conde y pidió ayuda.

Con el apoyo del equipo de rescate, se quedó dormida y fue la primera en ser llevada.

Caliel observó su partida en silencio, mientras una enorme inquietud llenaba su núcleo. ¿Había llegado también el momento que él siguiera adelante? No se sentía preparado para olvidar todo el daño que Julian le había hecho. ¿Cuántos años esperó para poder ajustar cuentas con quien un día trajo deshonra y dolor a su vida? Ahora ese momento estaba tan cerca... No podía debilitarse, tendría que ser fuerte, más fuerte que cualquier otra cosa. Desesperado, pensó en huir. Sin embargo, caminando hacia él, el conde Warren, cambiando de apariencia, se le apareció como el duque Edgard L.:

- ¿Aun te acuerdas de mí, Caliel? Fuiste una vez mi fiel y digno servidor, y hoy estoy aquí para servirte con la misma dedicación. Vengo a extenderte mis manos, a sanar tus heridas, a borrar tus resentimientos, a devolverte la paz y la alegría perdidas. En una de nuestras existencias anteriores, cuando recibí el nombre de Edgard, tuve por hijo al responsable de tu deshonra y sufrimiento. Más tarde fue mi yerno, y dos veces este espíritu falló, sembrando dolor y desesperación en los corazones de aquellos a quienes se suponía debía apoyar. Dejemos el juicio de esta alma a Dios. Solo a Él corresponde hacer justicia. Mira a tu alrededor, mira el camino florido que se abre para ti y ven a recorrerlo, sostenido por nuestras manos. Deja el odio atrás y ven a ser feliz. Comienza una nueva etapa para ti. El futuro te espera lleno de nuevas esperanzas, donde podrás redimirte de los errores que cometiste y estar a la altura de la compasión y misericordia que actualmente recibes por la bondad del Padre.

Caliel, conmovido, se arrodilló a los pies de Warren, agradeciéndole su cariño. Ayudado por el noble espíritu, se levantó y continuó, dejando atrás la triste etapa que terminaba en aquel momento.

El equipo de rescate se fue dejando un hermoso rastro de luz. Llevaba consigo esperanzas de un futuro de evolución y progreso para Cristine y Caliel, espíritus aun saturados de vicios e imperfecciones. Solo el tiempo los mejoraría. Tiempo de nuevas oportunidades, tiempo de sufrimiento, aprendizaje, perdón y amor. Y ciertamente, tendrían todo el tiempo que necesitaran, siempre apoyados por los Mensajeros Divinos que les tenderían manos amorosas en el áspero camino de las pruebas.

Irving se despidió de Julian y Xênia, dejándoles recursos para el tratamiento del ex marido de su prima. Regresó con su familia, llevando en su corazón cierto pesar por no haber podido encontrar a Cristine. El caso quedó definitivamente cerrado. Falleció muchos años después, rodeado de la atención y el cariño de su esposa, hijos y nietos. Les dejó un legado de honestidad, carácter inmaculado, bondad y fe.

Poco después del rescate de Cristine y Caliel, a pesar de poder recibir una mejor atención gracias a los recursos ofrecidos por Irving, Julian falleció. Xênia sintió mucho la pérdida, porque lo amaba sinceramente. Resignada, continuó sola, llevando en su memoria el recuerdo de aquel a quien tanto había cogido cariño.

Julian, en espíritu, vagaba en conciencia entre culpas y remordimientos en un paisaje árido y oscuro. Él también tuvo su día de gracia. Acogido por espíritus desinteresados y caritativos, recibió la ayuda necesaria y la oportunidad de un nuevo programa de reencarnación.

9 El reinicio

Cristine se sometió a un intenso tratamiento, con el objetivo de restaurar, en la medida de lo posible, las regiones del periespíritu dañadas por el suicidio, correspondientes a las partes del cuerpo físico afectadas por el ahogamiento, provocando la insuficiencia orgánica y la extinción de la vida orgánica. En este caso, la región del sistema respiratorio fue el centro de atención de los médicos espirituales y del tratamiento, propio de la naturaleza semi material del cuerpo fluidico.[16] Al mismo tiempo, pasó por un período de intenso aprendizaje [17] asistida por un equipo especializado y acompañada de su ex padre, pronto se dio cuenta de la gravedad de su situación bajo las Leyes Universales y expresó su deseo de lograr el ajuste necesario. Aunque temerosa de las dificultades porque tendría que pasar por una encarnación posterior, pidió regresar a su cuerpo físico lo antes posible. Buscó

---

[16] "Y que el 'cuerpo astral'; es decir, el periespíritu - o incluso el 'físico-espiritual' - no es una abstracción, una figura incorpórea, etérea, como se supone. Es, por el contrario, un ser vivo, real organización, sede de las sensaciones, en la que quedan impresos y reflejados todos los acontecimientos que impresionan la mente y afectan al sistema nervioso, del que ella es directora." - *Memorias de un suicida* - Yvonne A. Pereira - pág. 81.

[17] "Sería largo enumerar los detalles de las hermosas y fructíferas secuencias de enseñanzas y experiencias que comenzamos a recibir desde aquella memorable tarde, que formaban parte del sensible tratamiento a administrar, una especie de adoctrinamiento - terapia moral -, con una acción decisiva sobre las reacciones necesarias para la reeducación que teníamos urgencia." - *Memorias de un Suicida* - Yvonne A. Pereira - p. 1 22.

alivio a su dolor, culpa y amargura en la bendición del olvido. El recuerdo de Julian y Caliel se volvió cada vez más doloroso y Cristine buscó desesperadamente escapar de ese dolor.[18]

Habiendo atendido todo lo posible que fuera indicado para su progreso espiritual, bajo la intersección del espíritu del conde Warren, Cristine reencarnaría. Si por un lado estaba deseoso de aprovechar la nueva oportunidad, por otro tenía miedo de las dificultades que tendría que atravesar para poder iniciar la adaptación necesaria.[19]

Cristine comprendió que el suicidio había agravado sus deudas ante las Leyes Divinas y que le esperaba un reajuste, tarde o temprano, pero sabía que no era solo eso. La necesidad de cambiar era urgente. Reencarnar solo para expiar el acto criminal y equilibrarse representó solo un pequeño paso, aunque difícil. ¿Cuántas veces todavía tendría que regresar a la Tierra para expiar faltas y omisiones? ¿Cuándo pudo mirar a su alrededor y notar en sus hermanos encarnados las mismas imperfecciones que ella cargaba, volviéndose así más tolerante? ¿Cuándo podrá reconocer los mismos deseos, miedos y dolores en el pecho de cada persona, volviéndose así más solidaria, menos egoísta? ¿Cuándo veremos en la gran familia terrenal, a pesar de las diferencias que prevalecen en nuestro mundo, igualdad ante Dios y, de esta manera, dejar de alimentar el orgullo y la vanidad?

---

[18] "Una nueva reencarnación será inevitable en vuestro caso. Debéis repetir la experiencia terrena en la que fracasasteis con el suicidio, negándote el cumplimiento del deber sagrado de vivir el aprendizaje del Dolor, en beneficio de vosotros mismos, de vuestro progreso, de vuestro futuro. felicidad!" - *Memorias de un Suicida* – Yvonne A. Pereira – p. 191.

[19] "El retorno de un suicida a un nuevo cuerpo carnal es la ley. ¡Es una ley inevitable, irrevocable! Es una expiación irremediable, a la que deberá someterse voluntariamente o no, porque para su propio beneficio no habrá más remedio que repetir el programa terrestre que dejó de ejecutar." - *Memorias de un Suicida* – Yvonne A. Pereira – p. 132.

El orgullo, la vanidad, el egoísmo y la arrogancia, incrustados en su espíritu sufriente, la hicieron regresar y cometer nuevamente errores, como lo había sido en las últimas existencias como Glenda y Cristine. ¡Y así sería hasta que la decisión por el bien fuera más fuerte que cualquier otra cosa! Hasta que el deseo de crecer espiritualmente fue el único objetivo. Entonces tendría la fuerza para reunir verdaderos tesoros y caminar hacia el Padre.

También reconoció que Caliel debía reparaciones por la caída moral y el sufrimiento causado por la frivolidad de su carácter. Se estremeció al recordar al verdugo, y aunque sabía que tarde o temprano tendría que encontrarlo para un doloroso rescate, pidió a Dios el don de retrasar ese momento. Cuando lo encontró como Glenda, el joven ingenuo y soñador no se parecía en nada al espectro implacable en el que se convirtió. Ella fue la compañera responsable, traidora y voluble, que le robó el honor y las esperanzas. ¿Cómo podemos reparar semejante error, si no a través de una nueva oportunidad, devolviéndole la confianza, el amor y los sueños? Sus amorosos guías espirituales la iluminaron sobre cómo redimirse de tantos errores, pero sabiamente le pidieron que calmara su espíritu atormentado. Cristine se estaba preparando para regresar. Se dejó contagiar por los buenos espíritus, mientras su débil fe crecía poco a poco. Sin embargo, lo más difícil fue soportar la ausencia de Julian y saber que ella seguiría alejada de él por mucho tiempo. La revuelta que la había llevado al acto extremo por no haber aceptado el abandono, la pobreza y la persecución a través del proceso obsesivo, serían las faltas más graves a corregir de inmediato, inicialmente con distancia.

Realmente, lo mejor le parecía reencarnar lo antes posible. Además de iniciar el proceso de readaptación provocado por el suicidio, olvidar el pasado sería una bendición que, aunque no se sentía digna, la beneficiaría, aliviando el anhelo y el dolor por la pérdida que su corazón se empeñaba en no aceptar, por faltas que pesaban sobre ella, con la conciencia culpable.[20]

Cuando llegó el momento, reencarnó en una humilde y numerosa familia, llevándose consigo la mancha provocada por el hecho delictivo, en forma de una gravísima enfermedad física. La falta de recursos empeoró aun más su estado de salud durante su estancia en persona.[21]

En esa existencia, Cristine no fue la única hija, no pudo disfrutar del confort material que proporciona la riqueza, ni de la educación intelectual y de una atención médica satisfactoria. Sus padres, aunque cuidadosos, trajeron la dureza con que la vida marca a quienes pasan por privaciones y sufrimiento. Su desarrollo físico se vio seriamente comprometido por una nutrición insuficiente y una bronquitis crónica que empeoró con el tiempo.

Desde muy pequeña tuvo la oportunidad de aprender, ante la falta de recursos y a través de la convivencia con sus hermanos, a compartir, colaborar, respetar, ofrecer, ganar, perder y esperar. Casi todo lo que esperaba no llegó y la gran lección de la resignación se presentó al espíritu aun desprevenido. Pero, ¿cuál sería nuestro progreso si las lecciones solo se nos presentaran cuando estuviéramos preparados para asimilarlas? ¿No son

---

[20] (...) para liberarnos del profundo desequilibrio que tal consecuencia produjo en nuestra organización fluídica (sin hablar aquí de desorganización moral, quizás aun más atroz) sería imprescindible que volviéramos a animar otro cuerpo carnal, pues, hasta que no lo hiciéramos, seríamos criaturas fuera de armonía con las leyes que rigen el Universo, a quienes inconvenientes indefinibles nos privarían de logros verdaderamente acordes con el progreso." - *Memorias de un Suicida* - Yvonne A. Pereira - pág. 125.

[21] "El espíritu de un suicida regresará a un nuevo cuerpo terrenal en condiciones de sufrimiento muy doloroso, agravado por los resultantes del gran desequilibrio que el gesto desesperado provocó en su cuerpo astral; es decir, en el periespíritu." - *Memorias de un Suicida* – Yvonne A. Pereira – p. 132.

precisamente las innumerables oportunidades que Dios nos brinda y los aprendizajes adquiridos a través de nuestros propios errores los que facilitan nuestra evolución? Ciertamente, la bondad y la sabiduría del Padre nos ofrecen innumerables y diversas oportunidades de aprendizaje y crecimiento espiritual.

El sufrimiento, bien utilizado, eleva el espíritu y trasciende el dolor, pero no siempre estamos preparados o tenemos esta comprensión de las tribulaciones de la vida, y con Cristine no fue diferente. Pasó por penurias de todo tipo, sufrió una grave enfermedad respiratoria y regresó nuevamente a su Patria Espiritual, 13 años después, llevando aun en su corazón la rebelión, esta vez provocada por las limitaciones e imposibilidades que la grave enfermedad le impuso durante su corta existencia. Había olvidado que ella misma había causado todos los obstáculos mediante el acto voluntario de suicidio.

Al abandonar el cuerpo físico, fue conducida por la espiritualidad amiga, una vez más, a continuar con los planes que para ella estaban trazados con cariño, para que pudiera seguir avanzando, aunque sea a paso lento, por el camino de la redención. Esta vez en brazos de Irving, su tutor desde entonces. El espíritu noble, apenado por sus debilidades, comenzó a interceder en su favor y ayudarla. ¡Así son los divinos Mensajeros de Jesús! Solo encuentran la felicidad cuando pueden servir, apoyar, secar lágrimas, extender manos amigas con el único interés de ayudar, sin esperar nada a cambio más que observar el progreso de las almas perdidas y la iluminación de las conciencias oscurecidas por la ignorancia y el orgullo.

Irving finalmente encontró a Cristine. Ahora se llamaba Fátima, pero ¿qué importancia tiene un nombre? Cristine, Fátima, Dolores, Nilva o cualquier otro nombre... Él supo ayudarla, guiarla, entristecerse de sus tropiezos, alegrarse de sus progresos y esperar, pacientemente, la ascensión de ese espíritu. Cada vez que regresaba de un viaje terrenal, Irving la recibía con optimismo. Cada vez que lo encontraba, Cristine sentía la misma simpatía, el mismo afecto, la misma paz. ¿Quién podría ser este amable amigo? Irving, quien debería salvarla de sí misma, más tarde Rafael, quien podría ayudarla a recuperar sus valores morales. Dos oportunidades perdidas y no por ello acabadas.

Y por mucho que se preparara y fuera consciente de cómo proceder, Cristine, en el escenario de su vida terrena, tomó la dirección contraria. Le costó soltar su orgullo, la pasión que ardía en su pecho y el deseo de venganza. Quería vengarse por no haber sido amada, por haber sido ignorada, por haberse comprometido tan seriamente con las Leyes de la Vida mediante el suicidio, por no haber recibido los beneficios de las riquezas materiales, por su fragilidad física. Sabía que éste no era el camino, pero insistió en tomar los peligrosos caminos de la ilusión. Tomó sus propias decisiones, como nos da a nosotros el libre albedrío que el Padre da a todos sus hijos, sin excepción; Cometió muchos errores, adquirió muchas más deudas, sufrió aun más... Hasta que se dio cuenta de lo infeliz que se había vuelto y de lo mucho que padecía por los errores cometidos contra sí misma y sus hermanos ante Dios.

He aquí, pues, que todos los signos, todas las luces, toda la redención fueron percibidos por ella de manera única y singular. Lo que antes había pasado desapercibido o parecía incomprensible o inconcebible, apareció claro y transparente, en una verdad inconfundible, eterna e inmutable: nuestro momento de ascensión. ¡Y su luz empezó a brillar!

Finalmente, comprendió, en espíritu, todos los motivos, todos los dolores y aflicciones, y se puso por encima de todo. Quería llegar a la cima de la montaña y vislumbrar el futuro radiante que espera a quienes tengan el coraje de realizar la gran subida, donde las imperfecciones quedan atrás y las virtudes representan logros.

Desde entonces deseó renacer a través del amor y de la fe. En ese momento conoció verdaderamente a Jesús y tuvo la fuerza para soportar el peso de las pruebas que había acumulado durante tanto tiempo. Comenzó una nueva etapa en su vida. Pero esta es otra historia...

"Venid a mí todos los que estáis trabajados y cargados, y yo os haré descansar. Llevad mi yugo sobre vosotros, y aprended de mí, que soy manso y humilde de corazón, y encontraréis descanso para vuestras almas. Para mí mi yugo es fácil y ligera mi carga."

Mateo, 40:28-30.

Los Hechos En El Tiempo

Inglaterra, siglos XV y XVI 1439 - Unión matrimonial entre el Conde Wallace T. y Gleyd H. 1461 - Muerte de Nancy

1483 - Warren conoce a Evelyn

1484 - Ruptura entre Warren y Dalton

La boda de Warren y Evelyn. La pareja se muda a una ciudad lejana

1485 - El nacimiento de Cristine Warren escribe a Dalton

1501 - Cristine conoce a Julian

1502 - Boda de Cristine y Julian

1505 - Muerte de Warren T.

1506 - Muerte de Evelyn T.

1512 - Irving encuentra la carta escrita por su tío

1515 - Julian abandona a Cristine

Muerte de Cristine

1530 - Cristine y Caliel son rescatados

Mensajes sobre el suicidio

Mensajes psicografiados sobre el suicidio, recibidos en reuniones espíritas en el centro União Espírita de Piracicaba.

PALABRAS DE CRISTINA

Ante las aflicciones de la vida

Esperanza perdida. Heridas, espinas y dolor. Falta de fuerza y coraje.

El cansancio llega cobarde y piensas en separarte.

Parece no haber salida, ni consuelo ni refugio. Solo la voz del tormento.

En tu pecho un lamento.

En tu corazón la amargura.

Quieres escapar del conflicto.

Del alma el gemido, el grito.

De la lucha al desierto.

Eleva tu pensamiento.

Date la oportunidad en un momento piensa en el Maestro Jesús.

No hay dolor que nunca termine ni sufrimiento eterno.

Busca fuerza segura. Ve, avanza.

¡Estás a un paso de la luz!

Escucha estas rimas de aquellos que alguna vez buscaron en el momento de agonía.

Pon fin a la desesperación.

Sumergiéndonos en las aguas oscuras.

Ahogando las penas de la locura.

Acabando con el tormento y la aflicción.

Y al cruzar la enorme puerta que nos separa de los cielos.

Cayó en un oscuro abismo y experimentó emociones de amargura.

Y como el Padre es bondad, recibió la caridad.

De manos de la madre de Jesús.

Santa María es noble, ella rescató a esta pobre alma.

Del barro del remordimiento y el dolor.

Aprecio tanta amabilidad.

Hablando sinceramente, abriendo mi corazón:

La vida es un regalo caro.

Una oportunidad incomparable.

Pase lo que pase, no te rindas.

No estás solo, no te preocupes,

encuentra valor en la fe.

Lucha y sigue adelante.

El dolor es un breve momento.

¡Camino a la luz y al amor!

VIDA DESPUÉS DE LA MUERTE

Los trabajadores de la Luz, en sus incesantes luchas para ayudar a los suicidas, buscan aliviar a las almas afligidas, esperando alivio de sus propios juicios de retraso moral, lo que resultará en exigencias más largas en sus viajes.

Amigos, no duden del Más Allá, lastimando su cuerpo carnal, porque estarán atravesando un doloroso camino de amarguras y lágrimas donde acumularán deudas más dolorosas que sus problemas actuales.

Soportad con humildad y con la certeza que vuestra carga solo contiene el peso de lo que son capaces de soportar.

Somos los verdaderos autores de la vida y seremos responsables de reparar el daño que causamos.

Un amigo

28/01/07

Psicografía recibida por la médium Bernadete

EL SUICIDIO ES UNA TRANSGRESIÓN

El suicidio es una transgresión de una importante ley divina.

Y la persona suicida sufrirá, entonces.

Por su desobediencia e indisciplina.

Tendrá que restaurar el periespíritu que dejó malherido teniendo que regresar al mundo enfermo, idiota o lisiado.

Con la implementación de la Doctrina, no habrá más suicidios

Porque el hombre comprenderá la bondad y la justicia divinas.

SUICIDIO QUE IDEA MÁS INFELIZ

Suicidio, ¡qué idea tan desafortunada! No digas eso amigo mío. No sabes el peligro. No sabes lo que dices.

El cuerpo es una bendición que debemos preservar, solo a través de él podremos progresar y elevarnos. Cuidémoslo muy bien Tratémoslo con mucho amor No creemos adicciones con él Liberémoslo del obsesor.

Sabrás que el dolor es temporal, eso te llevará a la evolución.

Y todo lo aceptará con paciencia y con mucha resignación.

Poemas escritos por la médium Rosires Rolin

SUICIDIO INCONSCIENTE

Todo espiritista debería saber.

Su cuerpo bien conserva y ningún vicio debe tener:

Fumar, drogas, prostitución o bebida.

También existen adicciones mentales: Los hipocondríacos temerosos de la enfermedad acaban siendo víctimas de ella.

Los tristes y desilusionados sin creer se alimentan solo de sus males.

Mucha oración y vigilancia nos mantendrán equilibrados.

Conscientes de nuestra importancia como hijos del Padre amado.

El suicidio es un ataque al cuerpo, a la Ley, a la Vida. No lo practiquemos, entonces, nunca seamos suicidas.

Los irritados, los celosos, los apegados Todos pasan antes al otro lado Y sufrirán horrores en el Umbral porque le hicieron mucho daño al cuerpo.

Necesitamos combatir todas las adicciones. Hagamos un esfuerzo para dejar de fumar. No cometamos ningún exceso. Para esto: oren y vigilen.

Pecamos ante la espiritualidad Que nos da fuerza de voluntad.

Para acabar con los vicios y las necedades y escaparemos del Umbral de una vez por todas.

Poemas escritos por la médium Rosiris Rolin Zaidan

LA BENDICIÓN DE LA REENCARNACIÓN

¿Cuántas veces te encuentras ocioso, desinteresado por la vida, despreciándola y llevando a cabo planes tan desastrosos?

¿Cuántas veces pierdes el tiempo que sería para un trabajo útil, en pensamientos inferiores y propuestas negativas?

La vida, la encarnación es una bendición, no un castigo como algunos afirman.

Si no fuera por múltiples encarnaciones, ¿cómo podríamos pasar de ser piedra en bruto a convertirnos en estatuas perfectas, magníficas obras de arte?

A través de innumerables venidas en la carne aprendemos, amamos, sufrimos, nos desarrollamos y, en definitiva, crecemos, tal es la Ley.

Mientras tanto, muchos, al pasar por las pruebas más pequeñas, abandonan el escenario terrenal, destruyendo la envoltura bendita de la carne con el pensamiento que sucedería lo peor. Ledo engaño. Todos tenemos compromisos. Nadie está solo en el universo.

Nuestro compromiso con Dios es evolucionar, y con nuestro prójimo es tolerarlo y ayudarlo a crecer.

Cuando abandonamos la escena antes del último acto, estamos huyendo de nuestras responsabilidades y abandonando tareas muy importantes, compromisos con Dios, con el prójimo y, principalmente, con nosotros mismos.

El hecho que abandonemos situaciones agotadoras por falta de un mínimo de fe y de esperanza nos perjudica profundamente, provocando esta actitud sufrimientos aun más atroces.

Una breve estancia en el manto de carne es una bendición divina. El Padre, en su inmensa bondad, nos brinda innumerables oportunidades para superar la ignorancia y adquirir el amor universal; depende de cada uno de nosotros aprovechar las oportunidades, ya que el tiempo es nuestro aliado y cuanto más logremos para nuestros semejantes, más lograremos para nosotros mismos.

Sepan que en el plano espiritual hay cientos de miles de espíritus que fracasaron en compromisos anteriores, ansiosos de una nueva oportunidad redentora de reencarnación.

Una vez pasaron por alto buenas oportunidades y ahora se esfuerzan por adquirir una nueva oportunidad.

Solo valoramos lo que amamos y lo que es importante para nosotros cuando lo perdemos. No descuides tus compromisos; no despellejes el manto benéfico de la carne, no maltrates, no abuses, no hieras y no desdeñes. Amad profundamente y, de verdad os digo, quienes así lo hagan crecerán de manera tan dulce y hermosa que los dolores, críticas y lamentos serán motivos de compasión y, basados en la fe consciente e imperecedera, no perecerán, sino que, como aseguró dulcemente el Maestro, vencerán al mundo, como él lo hizo.

Vive y que la vida sea un canto de alegría que ilumine el amanecer de tus días.

Teófilo.

Mensaje psicografiado por el médium Alexander Kelly Bonafini, en reunión mediúmnica realizada el 27/01/2007 en la Unión Espírita de Piracicaba.

CONCEDE EL PERDÓN A TI MISMO

Querida madre, que Dios te bendiga por tus oraciones en mi favor, y que tú, a tu vez, me bendigas para que pueda salir de la oscuridad en la que me ha colocado mi remordimiento.

Mamá, no estoy sola ni abandonada, al contrario, queridos hermanos están luchando para que desvíe mi mente de los pensamientos obsesivos que corroen mi alma. Aquellos que tienen la misma terrible idea que yo de escapar de la vida, ¿tienen alguna idea de lo que esto significa? Alguno de ellos imagina que la vida no termina, solo la del cuerpo físico, y seguimos igual, con los mismos problemas, los mismos dolores, la dedicación, su infinito amor, las mismas insatisfacciones, pero, desde el fatídico momento de optar por una muerte autoinfligida, sin poder resolver los problemas ni soportar el dolor, las soluciones vienen a la mente y pensamos: ¿cómo no se me ocurrió esto antes? ¡Ahora es tarde!

Sí, después del gesto de locura no tiene sentido pensar en soluciones. No solucionamos nuestros problemas y aun dejamos un rastro de dolor que afecta a todos los miembros de la familia, especialmente a los padres, que siempre piensan que podrían haber evitado que la situación llegara a este punto.

Madre, queridos míos, la única culpable de lo que estoy enfrentando ahora soy yo misma, que fui débil, cobarde, que no supe valorar el bien mayor que era mi vida. Se dice que mientras hay vida hay esperanza, y no tienes idea de lo cierta que es esta frase. Se refiere, por supuesto, a la vida en la carne, la vida física. Destruí esperanzas, al menos para esta última existencia corporal, ¿y sabes qué es peor? Según los espíritus-hermanos que hoy me "protegen", por así decirlo, como no me han abandonado desde que pedí ayuda a Jesús, tendré que pasar por situaciones similares y superar, en un momento aciago, el impulso de escapar. de la vida otra vez.

Sí madre, todos nacemos y "morimos" – físicamente - cientos, o más, de veces, porque Dios nos da nuevas oportunidades cada vez que es necesario para que maduremos, crezcamos y continuemos nuestro camino hacia lo Alto.

Hoy, mamá, todavía me condeno demasiado. Es difícil concederme el perdón a mí misma para poder siquiera pensar en la próxima existencia, pero es cuestión de tiempo, porque, de hecho, mi tiempo empezó a contarse nuevamente hace no más de 3 meses, más o menos. He tratado de enderezarme, pero la vergüenza siempre me doblega, y es a través de este dolor moral, principalmente, que alcanzaré el camino correcto. Tengo fe y queridos amigos que me ayudarán mientras lo necesite. En cuanto a ti, solo puedo pedirte perdón por mi egoísmo, que no apreció el dolor que sentirías. Lo siento, queridos. Sigan orando por mí, porque sus oraciones fueron fundamentales. Perdón a la familia y al conductor del otro vehículo. ¡Perdón! ¡Perdón! Eso es todo lo que necesito para volver a sentirme una persona y no un ser despreciable.

Los amo. Eduarda

Mensaje recibido el 04/03/2004, en la UEP, por Marly Campanha

MARCELO YO FUI, MARCELO SOY

¡Mi querido hermano soy yo, hombre, Marcelo! ¡Yo mismo! Estoy vivo, consciente, con nuevas ideas e intenciones después de un período difícil que gracias a Dios logré superar, con mucha ayuda de las increíbles criaturas que encontré aquí.

¿Qué pasa con los eventos que sucedieron? "Tal vez" he apurado un poco mi partida, o tal vez no, tal vez ha llegado mi momento, y eso es lo que prefiero creer.

Lamento mucho el dolor que te causé. Sé cuánto me extrañas, mi querido hermano, pero tal vez no sería una buena influencia para ti... ¿Podría? ¿No dicen que solo los buenos "se van" temprano? Entonces, definitivamente soy el mejor de la familia... Es broma para no llorar, ¿verdad, hombre?

Marcelo fui, Marcelo soy. Nuestros sentimientos no cambian con nuestro cambio de dirección: las tendencias, las manías, los deseos siguen siendo los mismos, pero, en su mayor parte, hay que reajustarlos para que podamos adaptarnos a este nuevo mundo.

Me estoy preparando para una nueva oportunidad, no sé exactamente cuándo, pero no debería tardar mucho: regresaré a la Tierra en otro cuerpo y, preferiblemente, con nuestra familia. Recíbeme con mucho, mucho amor, ¿vale? Y tened paciencia conmigo, porque me llevaré muchos defectos de carácter, pero un gran corazón...

Dicen que somos reconocidos, al regresar a la Tierra, por nuestros ojos, por nuestra mirada. ¿Será?

Te amo, siempre y siempre lo haré.

Mamá, papá, queridos todos, reciban mi beso en el corazón y el perdón por el dolor.

Marcelo.

Mensaje recibido el 25/11/2004, en la UEP, por Marly Campanha.

SOLO FUE MI CULPA

Mamá, papá, queridos todos, con la cara roja de vergüenza vengo a vosotros para pediros perdón por mi locura.

Mamá, no me pidas explicaciones, porque no podría, no sabría dártelas. ¿Por qué hacemos algo tan radical? ¿Dónde está todo lo que aprendimos desde pequeños de nuestros padres, de nuestra familia? ¿Cómo olvidamos el amor, el cariño, la entrega de quienes nos aman y destruimos el mayor bien que es nuestra vida en la carne? ¡Yo no sé! No puedo responderles, queridos. Solo sé que en un momento la vida me pareció sin sentido, sin propósito... Que me sentía demasiado cansada para afrontar el futuro, un futuro que no me interesaba en absoluto. Me faltaba el pie... No sé cómo decirlo... De repente ustedes no significaban nada en mi vida, eran desconocidos; me sentí presionada a encajar en un cierto tipo de vida donde todo parecía tener que "ser como era", sin que yo pudiera interferir... ¡No lo sé!

Todo lo que sé, queridos, hoy es que perdí una preciosa oportunidad. Sufrí demasiado, no pude, ni quiero, transmitiros los horrores que pasé, pero parece que lo peor ya pasó. Ahora estoy en un lugar mejor, mucho mejor que aquel en el que anduve perdida durante años.

Hoy reconozco en mí a una hija de Dios, sostenida a pesar de todo, y objeto de mucho amor por parte de los espíritus dedicados que viven con nosotros - yo y otros que realizaron el acto funesto... -, que cuentan nos habla de Jesús, de Dios, de nuestras múltiples vidas y de su razón de ser... Ahora, orientados, nos damos cuenta, con horror, de la desastrosa magnitud de nuestro acto de destrucción del cuerpo que nos sirvió de instrumento de progreso. Conservamos en nuestro periespíritu las secuelas de las heridas causadas, del daño causado. No es nada fácil. ¡Al contrario, es muy difícil!

Queridos, nadie tuvo la culpa de esto. La culpa fue solo mía, de un espíritu lleno de problemas e inseguro, pero que se propone crecer, estudiar, aprender y volver fuerte y confiado en otra oportunidad.

Necesitaba hablar con ustedes para pedirles perdón y agradecerles por sus oraciones, su amor, su cariño...

No intenten averiguar por qué sucedió, simplemente porque no hubo otra razón que mi desequilibrio y la ayuda, tal vez, de enemigos del pasado, con quienes necesito aprender a armonizar.

Me estoy descubriendo a mí mismo y en este descubrimiento estás tú. Yo los amo.

Gracias por todo, queridos, y no me olvidéis, porque os necesito.

Paula.

Mensaje recibido el 02/10/2003, en la UEP, por Marly Campanha.

FUI VÍCTIMA DE MI MISMO

Mi esposa y compañera, ¿me perdonarás algún día? No te quedes eternamente preguntándote "por qué", porque la culpa la tuve yo, solo yo. No tenía fuerzas para afrontar la vida, la misma vida que me había propuesto superar. Fui débil, egoísta, orgulloso, en fin, pagué y sigo pagando por el error que cometí. Mi ausencia no solucionó nada, al contrario, creó enormes problemas que no formaban parte de nuestros planes de vida en esta encarnación.

No sé qué más decirle aparte que te amo, y a ellos también, y que en ese momento de locura no pensé en nadie más que en mí, en deshacerme de mis problemas, que, como sabes, no sucedió.

Muchas veces fui a buscarte, perdido, buscando ayuda en ti, pero había un muro de vidrio irrompible que nos separaba; Aun así, te sentiste mal. ¡Perdón!

Cuando me hayas perdonado de corazón, hayas comprendido que fui víctima de mí mismo, porque tú, al superar los problemas creados por mí, solo creciste, mientras yo me hundí, espero llegar a conocer el sentimiento de completa libertad para empezar de nuevo..

Siempre tuyo,

José S. (Silva)

Mensaje recibido el 09/01/2003, en la UEP, por Marly Campanha

SOLO PENSÉ EN MI DEPRESIÓN

Hija querida, soy yo, mi amor.

Hijita, ¡perdóname! Perdonen mi egoísmo que me hizo pensar solo en mí, ver solo mis problemas, involucrarme solo en mi depresión, sin ver el daño que les estaba haciendo a todos ustedes.

Creí que al morir podría dejar de pensar, porque todo terminaría, sería el fin de la tristeza... Fui ingrata con Dios, que me dio hijos queridos para cuidar, una casa para mí, vivir, una vida para vivir... Como dije, simplemente pensé en mi depresión y quise "desconectarme" de todo. Pero eso no fue lo que pasó. Después de mi actitud desesperada, me di cuenta que estaba atrapada en algún lugar pequeño y cerrado. Levanté los brazos - desde mi cuerpo espiritual - y me di cuenta que estaba dentro de una caja. En ese momento no se me ocurrió lo que estaba pasando. Creí que todavía estaba viva y que alguien me había arrestado para no volver a hacer una estupidez. Empecé a golpear, a empujar, pero no salía ningún sonido y la tapa no se movía. En fin, cariño, yo estaba en el ataúd, atada a mi cuerpo material por la "energía vital" que aun existía en él. Todo fue horrible. Lamento decirte esto, pero es para que sepas lo que les pasa a los cobardes como yo.

Un día alguien me gritó desde afuera que me fuera. Le dije que no podía, que estaba atrapada, pero la persona dijo que ya podía salir. Iba a empujar la tapa, pero me levanté y salí sin necesidad de abrir nada. Caminé por el cementerio y, de repente, me encontré en un bosque donde parecía que había llovido mucho, porque el suelo era puro barro, donde mis pies se hundieron. Los árboles, sin hojas, no nos protegían del frío y del viento. Tenía hambre, sed, llamaba a alguien y no veía nada. Caminé, caminé, caminé, hasta que me senté en el suelo, apoyada en un tronco, y traté de dormir. No podía. ¿Qué fue todo eso? Después de todo, si estuviera viva, ¿cómo me habría metido en esa situación? ¿Podría estar soñando? Me puse a orar, orar, pidiendo ayuda a Dios, a ti, a

Fernando, a todos. Creo que pasaron muchos días y quedé allí, en la misma posición, sintiendo dolor, hambre, frío. Un día, desesperada, pedí perdón a Dios, a ti, a la Virgen; pedí tu ayuda, para sacarme de ese infierno, ¿y luego quién se me aparece? Fernando. Dios, ¿qué estaba pasando? ¿Me había vuelto loca? Mi hijo se arrodilló, me besó, lloró mucho al verme en ese estado y dijo que había venido a buscarme. Me abrazó contra su pecho y, calentándome con su cuerpo, me llevó al hospital. Allí me trataron, cuidaron y alimentaron. Tu hermano no se apartó de mi lado. Decía todo el tiempo: "Dios sabe lo que hace", y yo no entendía por qué decía eso. Finalmente, al cabo de un par de días, me dijo que "murió" a causa de un accidente. Así supe que estaba "muerto" y, en consecuencia, que la "muerte" no existe, porque la vida es inmortal. Solo mi cuerpo y el de tu hermano habían muerto, no nuestro espíritu.

Fernando me dijo que se enojó mucho cuando se enteró que había "muerto", porque tenía una vida por delante, sus sueños, su trabajo, su amor, su futuro y todo eso le habían sido robado. Comenzó a juntarse con malas compañías que le sugirieron buscar venganza, pero un día se acordó de su madre y decidió buscarla, ir a su lado. Así supe que estaba en el "valle de los suicidas", como le llaman a esas regiones. Empezó a preguntar por mí. Cuando le pedí perdón a Dios, los rescatistas lo llamaron para que viniera a buscarme, si quería, y él, olvidándose de sus propios problemas y disgustos, fue a buscarme. El susto que vivió, el horror que vivió, le hicieron reflexionar mejor, y buscó conocer los hechos relacionados con la vida y la muerte.

Sabemos hoy que nacemos muchas, muchas veces, en cuerpos nuevos, y que siempre tendremos la oportunidad de corregir los errores que cometimos.

Estamos estudiando. Sigo con mucho dolor, bastante desequilibrado y tengo pesadillas sobre aquellos primeros tiempos. Sé que necesitaré superar muchas luchas, aquí y allá, para volver a recorrer el camino de la evolución, hacia Dios, pero me estoy fortaleciendo en la fe para lograrlo.

Hija mía, por favor no llores por mí. Lo primero que seas feliz, porque me ayudaron, estoy con mi hijo y tendré nuevas oportunidades. ¿No es ya una bendición escribirte?

Lo siento de nuevo. Nunca te culpes por el acto demencial de un ser egoísta. Elegí y pagué - estoy pagando - caro mi frustrada "fuga." Tenía otros caminos, este me resultó más fácil.

Amo a tu hija. Los amo. Perdón.

Joana.

Mensaje recibido el 31/03/2005, en la UEP, por Marly Campanha

SE OLVIDÓ DEL COMPROMISO

Querida sobrina, mi querido ángel, qué bueno es ser recordado con cariño, sin juicio, sin valoración, sin condena...

Querida necesito que seas intermediaria de la noticia que ahora te cuento:

Destruí una obra divina, el cuerpo físico que Dios me dio para, en una preciosa oportunidad, crecer espiritualmente, reducir mis deudas de vidas anteriores y mostrar mi fuerza interior. ¡Fallé! Olvidé el compromiso que había contraído, y en lugar de "elevarme", caí en uno de los valles del horror, uno de esos valles hacia los que se sienten atraídos los espíritus infelices que no se valoran a sí mismos, que pretenden escapar de las dificultades que han tenido que afrontar, superar para madurar y crecer. ¡Fallé! Me acobardé y hui de la vida, o mejor dicho, pensé que estaba huyendo, escapando de los problemas, sin imaginar que el infierno que imaginábamos sería un parque infantil cerca del lugar donde iba. Verás, nadie me llevó allí. Simplemente, después de estar mucho tiempo pegado a mi cuerpo físico, sintiendo, experimentando su destrucción, su descomposición, quedé atrapado en mis huesos, los sentía como si fueran una placa de metal y yo era un imán que no podía desprenderme de él. Estaba oscuro, sofocante, no había espacio para estirarme y grité pidiendo ayuda en vano. Durante mucho tiempo pensé que me habían enterrado vivo y traté de abrir el ataúd, pero no pude. Finalmente, después del horror del encierro, me encontré arrojado a un lugar donde solo había barro fétido, gusanos, animales reptantes repugnantes, frío, oscuridad, gritos, y tenía hambre y un dolor interminable. No creo que un ser pueda pasar por sufrimientos más terribles. De hecho, es indescriptible. Y no tenemos concepto de tiempo, espacio, distancia, lo que sea... Todos son "gusanos humanos", o simplemente "gusanos" que se arrastran por el barro.

Querida, si te cuento todo esto es para dejar mi testimonio de lo que les sucede a quienes creen que en la muerte autoinfligida encontrarán la paz y la solución a todos sus problemas.

No sé cuánto tiempo pasó, y yo maldecía a Dios, que se olvidaba de estos desgraciados que se arrastraban por la nada. ¿No era Él nuestro Padre en el cielo? ¿Cómo nos hizo esto? Un día, alucinando de dolor, frío, cansancio, desesperanza, grité pidiendo ayuda. Le pedí a la Virgen que me ayudara, ya que era mujer y, por tanto, más sensible a nuestro dolor. Lloré mucho, suplicando su ayuda, y cuando abrí los ojos sentí una luz que me cegaba y calentaba mi cuerpo frío. Vi mi cuerpo físico, pudriéndose, esqueleto con pérdida de partes esenciales, sucio, lleno de gusanos "caminando" por mis huesos - como nada se parecía a un ser humano. Y una hermosa dama, de largo cabello negro y liso, ojos negros que brillaban como estrellas, ropa blanca inmaculada, se inclinó, tomó mis manos, me levantó con su fuerza, me sostuvo cerca de su cuerpo y allí me "desmayé", despertando limpio, lavado, vestido con un camisón ligero y sintiéndome muy bien, sin hambre, ni sed, ni frío. Desde los pies de la cama "ella" me sonrió y me dijo: "Ten fe hijo mío, lo peor ya pasó. Ahora empezarás de nuevo y no estarás solo. Dios te ama. Yo te amo. Todos te amamos." Tú y nosotros estamos aquí para ayudarte, porque eres nuestro hermano."

Ella se fue. Dormí, sin siquiera poder decir gracias, y después de tiempos indeterminados para mí, me desperté y escuché oraciones por mí, palabras de aliento y, por la gracia de Dios, hoy puedo venir a decirles que estoy ya empezando de nuevo mi vida en este plano, estudiando, inicialmente, las causas de mi caída, el motivo de mi fracaso - ¡era la segunda vez que cometía el mismo acto! -. Ahora, espero regresar solo cuando esté espiritualmente fortalecido.

A los que dejé allí sufriendo, confundidos, incluso culpándose por lo que no existe, les pido perdón, de corazón. Dependiste de mí y te abandoné nuevamente.

¡Perdón! Perdón a la familia que prometí apoyar y a la que dejé la pesadilla de la duda sobre los verdaderos motivos de mi acción. Cobardía, solo eso: cobardía de un espíritu muy imperfecto, pero que aun no se ha perdonado el daño que les causó, a pesar de amarlos. Desaparecido y amor de Carlos.

Mensaje recibido el 06/11/2003, en la UEP, por Marly Campanha

¡SÁLVAME MADRE MARÍA!

Mi querida hija; amada hermana que recibí en mi vientre y en mi vida de hija y que, a pesar de amar tanto, me dolió tan profundamente.

Querida, ha pasado el tiempo y en parte puedo decir que "viví" en el infierno recomendado por la Iglesia Católica. No había un demonio con cuernos y cola con un tridente en la mano, ni fui cocido en un caldero de agua hirviendo, pero el sufrimiento creo que fue equivalente. Amor mío, cuando cobardemente decidí abandonar la vida, para escapar de responsabilidades y problemas, fui egoísta al punto que no pensé en tu dolor; de hecho, creía que ellos no sufrían como yo y que pronto llegaría el olvido. ¡En cuanto a mí, sería libre!

¡Qué error! ¡Terrible y doloroso error!

¡Hija, desperté dentro del ataúd en el que estaba enterrada! Pensé que me habían enterrado viva, me desesperé, intenté salir, pero no pude abrir la tapa del ataúd. Te ahorraré, querida, la descripción de lo que vino después.

Finalmente liberada, me alejé en busca de un lugar mejor, ya que donde estaba el piso era de arcilla blanda, donde mis pies se hundían a cada paso, cansándome mucho. Tenía hambre, sed y no veía ningún hogar, ni luz, ni a nadie a quien pedir ayuda. Caminé mucho, durante mucho tiempo; lloré mucho, grité por ti, no podía aceptar estar viva después de la muerte de mi cuerpo - me di cuenta de esta verdad cuando logré salir de la tumba, dejando allí mis huesos, solo podían ser míos, como estaban a mi lado, ¡¡¡encerrados!!!

Es indescriptible la tortura de quien destruye su propia vida física, y si les cuento, de paso, lo que pasé, es para que nunca piensen en repetir mi acto y para que alerten a quien mencione tal deseo.

No sé cuánto tiempo pasó, solo sé que estaba cada vez peor, pero no me acordaba de orar, incluso porque no me consideraba digna o digna de dirigirme a Jesús o a Dios después de lo que había hecho.

Un día, tumbada en aquel suelo húmedo y fétido, sin poder dormir, adolorida, desesperada, grité pidiendo ayuda a la Virgen María. Recé el Padre Nuestro, pero sin mucha concentración, ya que estaba un poco loca, pero aun así se escuchó, como un rayo de luz se centró en mí, cegándome, y una hermosa mujer, vestida de blanco, acompañada por dos negros, niños que portaban en su mano derecha una especie de flecha larga, de cuya punta salían rayos azules. Ella me abrazó, mientras los jóvenes miraban - ¿qué? - alrededor. Me arrojé a sus pies, sujetándole las piernas y gritando: "¡Sálvame, Virgen! ¡Sálvame, Madre María!" Pensé que era la propia Virgen, pero la mujer se inclinó hacia mí y me dijo: "Solo soy tu hermana, una mujer que también ha cometido muchos errores, y que, en agradecimiento al Padre por la ayuda recibida, ayuda a los que piden ayuda a Jesús. ¡Levántate, hermanita, y dejemos este lugar triste!

Hija mía, a partir de entonces realmente comencé a vivir de nuevo. Me llevaron a un hospital, me sometieron a tratamiento - físico y emocional - y obtuve respuestas a las preguntas que me atormentaban.

Con el tiempo me adapté al "nuevo mundo", estudié mucho la Doctrina Espiritista, el Evangelio de Jesús, y también me convertí en salvador en los valles de los suicidas, como Simione, la que me ayudó.

Ante las posibilidades de renacer, reencarnar en un cuerpo desorganizado, o enfrentar la más ardua labor de rescate que tengo que hacer, preferí esto, no porque sería deficiente, sino porque considero un verdadero sacerdocio de amor ayudar a los desequilibrados, como yo, que nos quitamos la vida creyendo escapar de los problemas, dormir, acabar con todo. Además de seguir con nuestras aflicciones, nuestra conciencia nos acusa permanentemente de los efectos devastadores que golpean a la familia, esa familia en la que no pensamos cuando decidimos "irnos", "dejar de lado nuestros problemas", "escapar de la realidad."

Cariño, nadie tiene la culpa si su vecino se quita la vida. Es un acto egoísta, cobarde, cuyo único culpable es quien pretende "escapar de responsabilidades." Todos los que quedáis sois víctimas de este egoísmo y desamor.

¡Lo siento, niños! ¡Lo siento, queridos!

Con cariño, Ivone.

Mensaje recibido el 26/08/2004, en la UEP, por Marly Campanha

SOBREDOSIS

¡Papá Papi! ¡Madre, mi pobre madre! ¿Que te he hecho? ¿Qué me he hecho a mí mismo? Tanto dolor, tanto sufrimiento, Dios mío.

¡Papá, por el amor de Dios, no sufras así porque no soy digno de esto! ¡Mami, no llores! ¿Qué puedo decirles? ¿Quién tuvo la culpa? ¿Nadie? No, fue mi culpa. Yo tenía toda la culpa, porque sabía en lo que me estaba "metiendo." ¡Fue simplemente un "error garrafal! ¡Gratis! ¡Entre amigos! ¡¡¡Fresco!!! Un segundo, sin condiciones: ¡estaba a cargo de mi voluntad! ¡Oh! ¡La marihuana no es dañina! ¡Qué, los cigarrillos son peores!

Y así, con estos pensamientos, escuchando estos argumentos y usándolos para justificarme, entré en el oscuro mundo de las drogas. ¡Fue bueno! ¡Era un no ser! ¡No existe! ¡No pienses en nada! ¡Puedo volar! ¿Vida? ¿Responsabilidad? ¿Familia? ¡Qué bolso! Solo para preguntar, preguntar, acusar, acusar, llorar, preguntar… ¡maldita sea! ¡Qué perturbación! ¡¡¡Quiero paz!!!

Y así, queridos, siempre muy bien acompañado de "amigos" leales y sinceros, caí, caí, hasta tocar fondo. Y todavía no acepté ayuda para irme.

Destruí la familia, destruí el hogar, destruí los sueños, las esperanzas, el amor, la paciencia de todos los que me amaban. Y yo, ¿dónde se escondía mi amor? Porque los amaba, pero no en esa etapa; en aquellos momentos realmente los odiaba; eran una interferencia inapropiada en mi vida. Era más yo y sabía, creía saber lo que estaba haciendo.

De repente, no sé exactamente cuándo, descubrí que ya no quería eso, pero la adicción era más fuerte y ya no podía tener voluntad propia. Nada tenía más valor que esos momentos de "viaje", la "noia." Lo seguiría, dondequiera que estuviera el polvo. ¿Peligro? Ninguna noción de existir. ¿Miedo? Simplemente estar sin él - el polvo-.

Estaban fuera de mi vida, que se limitaba a los "baratos", los "portadores", el polvo, ¡maldito polvo!

Papá, mamá, todavía estoy muy enfermo, y si me trajeron aquí fue para ver que la pérdida es irremediable. Si sigo escribiendo – dictando - es porque necesito expresar mis sentimientos, porque mi pecho y mi cabeza sienten que van a explotar.

¡Lo siento, queridos! Perdóname, papá, víctima de mi adicción, del desamor provocado por la dependencia química. Lamento no aceptar el brazo que me ofreciste para sostenerme y volver a ponerme de pie. Perdón, madre, por las lágrimas que te hice llorar, por el dolor que te causé, por la incomprensión de la donación que me hiciste de tus horas, de tus pensamientos, de tus preocupaciones, en fin, de tus vidas.

Lo que les digo es que estoy intentando seguir un tratamiento médico, a pesar de recaídas que no puedo evitar, pero de las que ahora soy consciente, cosa que no era hasta hace poco.

Aun no estoy bien, ni puedo prometerte nada definitivamente, pero sí te puedo decir una cosa: los amo, los adoro y les debo todo, todo, no sé exactamente qué es este todo, pero un día se lo devolveré, en amor y cariño, en motivos de orgullo, en paz.

Oren por mí, queridos, porque la oración produce renovaciones y yo las necesito. Perdón y anhelo. Un día me verán recuperado, si Dios quiere, porque el recuerdo de su amor me dará fuerzas, estoy seguro.

Siempre suyo, Guillermo.

Mensaje recibido el 25/04/2002, en la UEP, por Marly Campanha

Nota: Los nombres contenidos en los mensajes escritos por Marly Campanha han sido modificados para preservar la identidad de las personas involucradas.

Grandes Éxitos de Zibia Gasparetto

Con más de 20 millones de títulos vendidos, la autora ha contribuido para el fortalecimiento de la literatura espiritualista en el mercado editorial y para la popularización de la espiritualidad. Conozca más éxitos de la escritora.

Romances Dictados por el Espíritu Lucius

La Fuerza de la Vida

La Verdad de cada uno

La vida sabe lo que hace

Ella confió en la vida

Entre el Amor y la Guerra

Esmeralda

Espinas del Tiempo

Lazos Eternos

Nada es por Casualidad

Nadie es de Nadie

El Abogado de Dios

El Mañana a Dios pertenece

El Amor Venció

Encuentro Inesperado

Al borde del destino

El Astuto

El Morro de las Ilusiones

¿Dónde está Teresa?

Por las puertas del Corazón

Cuando la Vida escoge

Cuando llega la Hora

Cuando es necesario volver

Abriéndose para la Vida

Sin miedo de vivir

Solo el amor lo consigue

Todos Somos Inocentes

Todo tiene su precio

Todo valió la pena

Un amor de verdad

Venciendo el pasado

Otros éxitos de Andrés Luiz Ruiz y Lucius

Trilogía El Amor Jamás te Olvida

La Fuerza de la Bondad

Bajo las Manos de la Misericordia

Despidiéndose de la Tierra

Al Final de la Última Hora

Esculpiendo su Destino

Hay Flores sobre las Piedras

Los Peñascos son de Arena

Otros éxitos de Gilvanize Balbino Pereira

Linternas del Tiempo

Los Ángeles de Jade

El Horizonte de las Alondras

Cetros Partidos

Lágrimas del Sol

Salmos de Redención

Libros de Eliana Machado Coelho y Schellida

Corazones sin Destino

El Brillo de la Verdad

El Derecho de Ser Feliz

El Retorno

En el Silencio de las Pasiones

Fuerza para Recomenzar

La Certeza de la Victoria

La Conquista de la Paz

Lecciones que la Vida Ofrece

Más Fuerte que Nunca

Sin Reglas para Amar

Un Diario en el Tiempo

Un Motivo para Vivir

¡Eliana Machado Coelho y Schellida, Romances que cautivan, enseñan, conmueven y pueden cambiar tu vida!

Romances de Arandi Gomes Texeira y el Conde J.W. Rochester

El Condado de Lancaster

El Poder del Amor

El Proceso

La Pulsera de Cleopatra

La Reencarnación de una Reina

Ustedes son dioses

Libros de Marcelo Cezar y Marco Aurelio

El Amor es para los Fuertes

La Última Oportunidad

Nada es como Parece

Para Siempre Conmigo

Solo Dios lo Sabe

Tú haces el Mañana

Un Soplo de Ternura

Libros de Vera Kryzhanovskaia y JW Rochester

La Venganza del Judío

La Monja de los Casamientos

La Hija del Hechicero

La Flor del Pantano

La Ira Divina

La Leyenda del Castillo de Montignoso

La Muerte del Planeta

La Noche de San Bartolomé

La Venganza del Judío

Bienaventurados los pobres de espíritu

Cobra Capela

Dolores

Trilogía del Reino de las Sombras

De los Cielos a la Tierra

Episodios de la Vida de Tiberius

Hechizo Infernal

Herculanum

En la Frontera

Naema, la Bruja

En el Castillo de Escocia (Trilogía 2)

Nueva Era

El Elixir de la larga vida

El Faraón Mernephtah

Los Legisladores

Los Magos

El Terrible Fantasma

El Paraíso sin Adán

Romance de una Reina

Luminarias Checas

Narraciones Ocultas

La Monja de los Casamientos

Libros de Elisa Masselli

Siempre existe una razón

Nada queda sin respuesta

La vida está hecha de decisiones

La Misión de cada uno

Es necesario algo más

El Pasado no importa

El Destino en sus manos

Dios estaba con él

Cuando el pasado no pasa

Apenas comenzando

**Libros de Vera Lúcia Marinzeck de Carvalho
y Patricia**

Violetas en la Ventana

Viviendo en el Mundo de los Espíritus

La Casa del Escritor

El Vuelo de la Gaviota

**Vera Lúcia Marinzeck de Carvalho
y Antônio Carlos**

Amad a los Enemigos

Esclavo Bernardino

la Roca de los Amantes

Rosa, la tercera víctima fatal

Cautivos y Libertos

Deficiente Mental

Aquellos que Aman

Cabocla

El Ateo

El Difícil camino de las drogas

En Misión de Socorro

La Casa del Acantilado

La Gruta de las Orquídeas

La Última Cena

Morí, ¿y ahora?

Las Flores de María

Nuevamente Juntos

Libros de Mônica de Castro y Leonel

A Pesar de Todo

Con el Amor no se Juega

De Frente con la Verdad

De Todo mi Ser

Deseo

El Precio de Ser Diferente

Gemelas

Giselle, La Amante del Inquisidor

Greta

Hasta que la Vida los Separe

Impulsos del Corazón

Jurema de la Selva

La Actriz

La Fuerza del Destino

Recuerdos que el Viento Trae

Secretos del Alma

Sintiendo en la Propia Piel

World Spiritist Institute

www.ingramcontent.com/pod-product-compliance
Lightning Source LLC
LaVergne TN
LVHW092053060526
838201LV00047B/1376